本书为贵州省哲学社会科学规划课题"贵州未成年人司法社会工作服务体系构建研究"（21GZYB52）成果

社会转型背景下的犯罪行为影响因素研究

屈 佳◎著

中国社会科学出版社

图书在版编目（CIP）数据

社会转型背景下的犯罪行为影响因素研究 / 屈佳著. —北京：中国社会
科学出版社，2023.5
ISBN 978 - 7 - 5227 - 1850 - 7

Ⅰ. ①社… Ⅱ. ①屈… Ⅲ. ①犯罪—影响因素—研究 Ⅳ. ①D914.1

中国国家版本馆 CIP 数据核字(2023)第 076165 号

出 版 人　赵剑英
责任编辑　梁剑琴
责任校对　朱妍洁
责任印制　郝美娜

出　　　版　中国社会科学出版社
社　　　址　北京鼓楼西大街甲 158 号
邮　　　编　100720
网　　　址　http://www.csspw.cn
发 行 部　010 - 84083685
门 市 部　010 - 84029450
经　　　销　新华书店及其他书店

印刷装订　北京市十月印刷有限公司
版　　　次　2023 年 5 月第 1 版
印　　　次　2023 年 5 月第 1 次印刷

开　　　本　710×1000　1/16
印　　　张　13.5
插　　　页　2
字　　　数　188 千字
定　　　价　88.00 元

前　言

自 1978 年实行改革开放以来,中国社会发生急剧转型,随着市场化、工业化、城市化、全球化进程的不断深入,社会生产力得到了极大的提高,综合国力得到了极大增强,人民生活水平得到了极大提升,社会各方面都呈现一派欣欣向荣的景象。但与此同时,也出现一些社会问题,如传统价值观和道德规范受到冲击,正式的和非正式的社会控制力量弱化。以往大量的犯罪学研究表明绝大多数犯罪并非随机事件,犯罪行为是在一些因素的影响作用下发生的。因此,对社会转型背景下的犯罪问题进行深入的研究,识别影响犯罪行为的相关因素,对于预防和打击犯罪、遏制犯罪的高发态势,具有非常重要的现实意义。

通过对现有文献进行梳理和分析,发现以往的研究主要从法学、社会学、心理学、犯罪学、经济学等学科视角,运用思辨研究方法,从宏观层面探讨犯罪的原因并提出相应的预防对策。运用实证研究方法,从微观个体层面探讨犯罪行为影响因素的实证研究相对较少,且有限的研究多以在校生或未成年犯作为调查对象,考察一些社会危害性相对较小的轻微偏差行为或越轨行为的影响因素。以成年犯罪人群体作为调查对象,考察较为严重的犯罪行为影响因素的研究非常有限。

为此,本书结合当前中国社会正处于加速转型期这一时代背景,选取了犯罪的一般理论、社会学习理论、一般紧张理论这三个微观层面的犯罪学理论作为理论基础,基于理论分析框架和现有文献,提出以下假设:(1)自我控制水平越低、与违法同伴交往、经历越高强度紧张的服刑人员被捕前实施了越多的犯罪行为;(2)与服刑人员中的本地居民相比,服刑人员中的流动人口自我控制水平更低、更可能与违法同伴交往、经历了更高强度的紧张,自我控制水平、违法同伴交往、紧张在不同程度上影响服刑人员中的流动人口和本地居民的犯罪行为,但是对服刑人员中的流动人口犯罪行为影响更大;(3)服刑人员中的流动人口比本地居民实施了更多的犯罪行为。

本书采取定量研究与定性研究相结合的方法,对贵州省三所监狱的1518名服刑人员进行问卷调查,并从中选取了62名服刑人员进行一对一的半结构式访谈。通过对定量资料进行分析,得出以下结论:一是自我控制的五个维度与违法同伴交往、四种紧张事件和情形对犯罪行为具有不同程度的影响,假设一得到部分支持。二是与服刑人员中流动人口相比,服刑人员中的本地居民更容易冲动、更喜欢以自我为中心、脾气更加反复无常,遭受了更多暴力犯罪的侵害,服刑人员中的流动人口文化程度更低,居住在市区、市郊/城乡接合部的比例更高,犯罪时的年龄更小。自我控制的五个维度与违法同伴交往、四种紧张事件和情形对服刑人员中的本地居民和流动人口犯罪行为的影响存在一定差异,如暴力犯罪被害经历对服刑人员中的流动人口暴力犯罪行为的影响显著大于本地居民,假设二得到部分支持。三是服刑人员中的流动人口没有比本地居民实施更多的暴力犯罪行为、财产犯罪行为、毒品犯罪行为,假设三没有得到支持。定性资料的分析结果基本上支持了定量资料的分析结果,二者互为补充、相互印证。

基于上述研究发现,本书建议从构建多维度的社会支持体系,提高个体的自我控制水平,减少与违法同伴的交往,减少犯因性紧张,提高情绪管理能力五个方面,通过控制和消除容易诱发特定群体犯罪行为的因素,达到预防和减少犯罪的目的。本书进一步丰富了国内有关犯罪行为影响因素的研究成果,为政府相关部门制定和实施相应的刑事政策和社会政策提供了思路。

目　　录

第一章　绪论

第一节　研究背景与意义

一　研究背景

自 1978 年实行改革开放以来，随着市场化、工业化、城市化、全球化进程的不断深入，中国社会正经历着一场深刻的社会转型，社会生产力得到极大提高，综合国力得到极大增强。GDP 从 1978 年的 3645.2 亿元增长至 2020 年的 1015986 亿元，[①] 成为世界第二大经济体，人民生活水平得到极大提升，全国居民人均可支配收入从 1978 年的 171 元上升至 2020 年的 32189 元。[②] 但与此同时，也出现了一些社会问题，如犯罪问题突出。1978 年之前刑事案件年发案数一般在 29 万至 40 万之间浮动，最高的年份是 1977 年，发案数为 54 万起，最低的年份是 1956 年，发案数为 18 万起。[③] 1978 年以来，犯罪数量总体上呈大幅上升趋势，全国刑事案件立案数从 1978 年的 53.6 万起波折上升至 2015 年的 717.4 万起，之后逐年下降至 2020 年的 478.1 万起（如图 1 - 1 所示）；人民法院审理刑事案件罪犯总数从 1997 年的 52.63 万人上升至 2020 年的 152.68 万

---

① 《2020 年国内生产总值破百万亿元》，新华网，https：//baijiahao. baidu. com/s? id = 1692985229475835924&wfr = spider&for = pc，2021 年 3 月 1 日。

② 中华人民共和国统计局：《中国统计年鉴（2021）》，http：//www. stats. gov. cn/tjsj/ndsj/2021/indexch. htm，2022 年 6 月 8 日。

③ 康树华：《全面建设小康社会进程中犯罪研究》，北京大学出版社 2005 年版，第 106 页。

人，每万人中的刑事罪犯数从 1997 年的 4.26 人上升至 2020 年的 10.81 人。[①] 如果考虑到许多犯罪发生后，被害人没有报案，存在大量的犯罪黑数，那么中国实际的犯罪形势可能比刑事案件立案数反映的情况更为严峻。

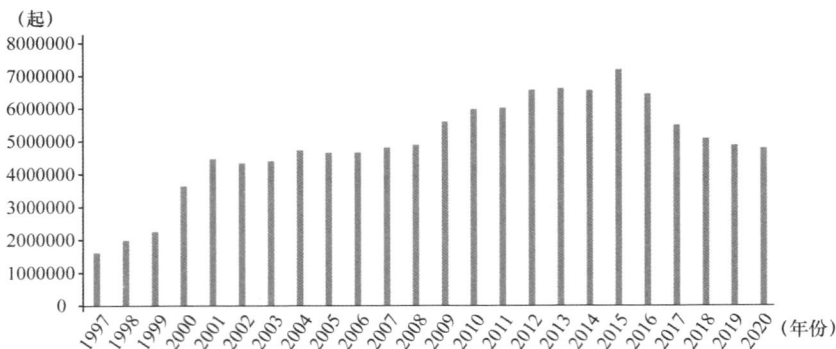

图 1-1　中国社会转型期刑事案件立案数统计（1997—2020 年）

资料来源：根据历年来的《中国统计年鉴》以及张清郎博士学位论文《中国转型期流动人口犯罪研究》[②] 中的数据整理制作

社会转型期犯罪类型及表现形式呈现明显的时代特征：

一是暴力犯罪数量较大，个人极端暴力案件偶有发生。暴力犯罪是一个宽泛而模糊的概念。从刑法学的角度看，暴力犯罪是指行为人以暴力或者以暴力为胁迫手段内容，非法侵犯他人人身或非法占有他人财产的犯罪行为，[③] 故意伤害、杀人、强奸、抢劫等通常被认为是暴力犯罪的典型形态。以杀人、伤害、抢劫、强奸这四种最典型的暴

[①]　中华人民共和国统计局：《中国统计年鉴（2021）》，http://www.stats.gov.cn/tjsj/ndsj/2021/indexch.htm，2022 年 6 月 8 日。

[②]　张清郎：《中国转型期流动人口犯罪研究》，博士学位论文，西南财经大学，2010 年。

[③]　林亚刚：《暴力犯罪的内涵与外延》，《现代法学》2001 年第 6 期。

力犯罪为例,《中国统计年鉴》① 显示 1997—2020 年全国公安机关这四类案件立案数总体上呈倒 U 型发展趋势,从 1997 年的 277354 起上升至 2009 年的 504036 起后开始出现下降趋势,2020 年下降到 131701 起。这四类暴力案件的立案数占整个刑事案件立案数的比例从 1997 年的 17.18% 逐年下降至 2020 年的 2.75%。但从总体来看,暴力犯罪数量仍然较大,其中个人极端暴力案件偶有发生,且发案率呈逐步上升趋势,如 2020 年发生的福建仙游县"6·4"某村庄超市内砍杀群众案、辽宁开原"12·27"持刀砍杀路人案等,2021 年发生的广西北流"4·28"幼儿园持刀行凶案、大连"5·22"驾车撞人案、安徽安庆"6·5"商业步行街持刀行凶案等,此类案件虽占刑事案件总量的比重较低,但造成的后果极其严重,除导致人员伤亡及财产损失外,还会导致公众社会安全感下降、对政府防控犯罪和社会治理能力丧失信心等。②

二是财产犯罪占总犯罪构成的比重较大,具体形式多样。财产犯罪是指为满足物质欲望而实施的侵犯国家、集体和个人财产所有权的犯罪,主要包括盗窃、诈骗、贪污受贿等犯罪行为。③ 改革开放以来,我国财产犯罪总量大幅上升,一直是各类犯罪中占比最大的一类,占刑事案件总数的比例为 70%—80%。④ 近年来,在全国公安机关的不懈努力下,财产犯罪案件总体发案量呈下降趋势。以盗窃、诈骗这两种最主要的财产犯罪为例,全国公安机关盗窃、诈骗刑事案件

---

① 《中国统计年鉴》作为一个重要的官方统计数据来源,可以提供许多有关中国犯罪和刑事司法的重要信息,但是它与其他官方统计数据一样,并非完美,也存在一些缺陷,例如,仅提供了全国的犯罪数据,无法反映各省之间的差异;数据中未包括不太严重的财产犯罪、非暴力犯罪、毒品犯罪,但尽管如此,由于其包含了许多有价值的信息,所以仍被视为反映中国社会转型期犯罪形态的一个非常有用的数据指标。具体参见 Liu J.,"Data Sources in Chinese Crime and Criminal Justice Research", *Crime Law & Social Change*, Vol. 50, No. 3, 2008, pp. 131 – 147.

② 冯卫国:《个人极端暴力犯罪的概念厘定与类型界分》,《犯罪研究》2021 年第 4 期。

③ 李强:《多元城镇化与中国发展》,社会科学文献出版社 2013 年版,第 477 页。

④ 张冲、孙炜红:《社会转型背景下城镇失业率对财产犯罪的影响研究——基于中国 1986—2011 年时间序列数据的实证研究》,《江西财经大学学报》2013 年第 6 期。

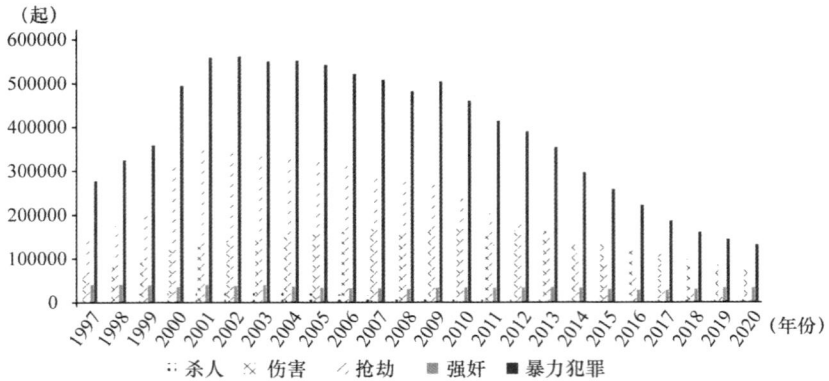

图1-2　中国社会转型期暴力犯罪案件立案数统计（1997—2020年）

立案数从1997年的1136394起上升至2015年的5925402起后开始出现下降趋势，2020年下降至3574038起，占整个刑事案件立案数的比重也从1997年的70.42%上升至2015年的82.60%后，逐年下降至2020年的74.76%。财产犯罪不仅会严重侵害人民群众的财产权益，而且会严重影响群众的安全感。

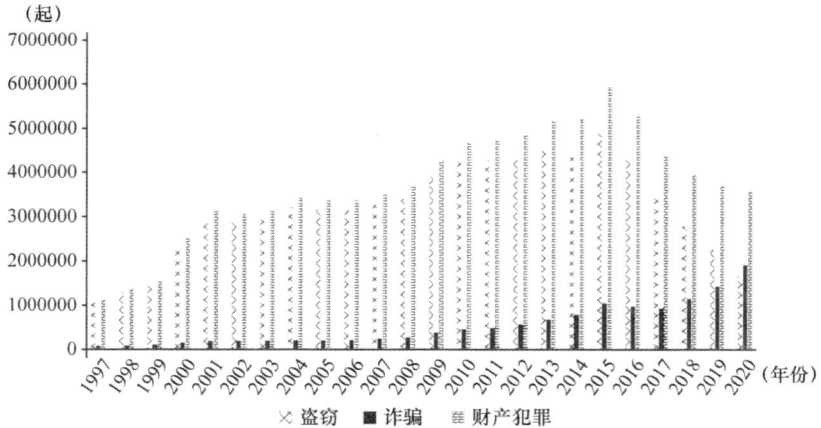

图1-3　中国社会转型期财产犯罪案件立案数统计（1997—2020年）

三是毒品问题突出，毒品犯罪数量仍在高位运行。毒品犯罪是指违反有关毒品管制法规，非法从事走私、贩卖、运输、制造毒品、种植毒品原植物，以及其他与制毒、贩毒、吸毒有关的严重危害社会的犯罪行为。① 全国在册吸毒人数从 1997 年底的 54 万人上升至 2016 年底的 250.5 万人（不含戒断三年未发现复吸人数、死亡人数和离境人数），增加了 3.64 倍。② 在全国各地的努力下，毒品滥用治理成效显著。近 5 年，我国新发现吸毒人员数量、现有吸毒人员数量逐年下降，③ 截至 2021 年年底，全国现有吸毒人员 148.6 万名，同比下降 17.5%；新发现吸毒人员 12.1 万名，同比下降 21.7%。④ 尽管如此，吸毒人员基数仍然庞大。近 5 年，我国毒品违法犯罪活动也出现逐年下降趋势，2021 年全年共破获毒品犯罪案件 5.4 万起，较 2016 年下降 61.4%，⑤ 抓获犯罪嫌疑人 7.7 万名，缴获毒品 27 万吨，查处吸毒人员 32.6 万人次，同比分别下降 16.3%、16.7%、51.4% 和 23.6%。⑥ 受全球毒品产量高居不下，毒品网上交易活跃，毒品滥用人数持续上升的影响，我国禁毒斗争面临的形势更加复杂，巩固拓展毒情形势整体向好的局面任重而道远。

综上所述，尽管近年来，全国各地公安机关投入了大量的人力、物力、财力打击犯罪，取得了明显的成效，但整体的犯罪形势依然不容乐观，暴力犯罪、财产犯罪、毒品犯罪仍然是社会转型期

① 廖憎昀：《海峡两岸毒品犯罪立法比较研究》，《中外法学》1994 年第 5 期。
② 国家禁毒委员会办公室：《2016 年中国毒品形势报告》，http://www.nncc626.com/2017-03/27/c_129519255_3.htm，2017 年 3 月 27 日。
③ 国家禁毒委员会办公室：《近 5 年，我国毒品违法犯罪活动、新发现吸毒人员数量、现有吸毒人员数量逐年下降 禁毒斗争形势持续好转》，http://www.nncc626.com/2022-06/24/c_1211660360.htm，2022 年 6 月 24 日。
④ 公大禁毒：《2021 年中国毒情形势报告》，https://mp.weixin.qq.com/s/lyZtApmOmf-0SyWUjNBZ-Q.，2022 年 6 月 23 日。
⑤ 国家禁毒委员会办公室：《近 5 年，我国毒品违法犯罪活动、新发现吸毒人员数量、现有吸毒人员数量逐年下降 禁毒斗争形势持续好转》，http://www.nncc626.com/2022-06/24/c_1211660360.htm，2022 年 6 月 24 日。
⑥ 公大禁毒：《2021 年中国毒情形势报告》，https://mp.weixin.qq.com/s/lyZtApmOmf-0SyWUjNBZ-Q.，2022 年 6 月 23 日。

较为突出的三种犯罪类型，事实证明单纯依靠刑事打击难以从根源上解决犯罪高发多发的问题，需要从犯罪学视角出发对上述三种类型的犯罪进行深入系统全面的研究，进而制定切实有效的犯罪预防策略。

二 问题提出

通过对现有文献进行梳理和分析，发现国内外学者对此进行了大量的理论探讨和实证研究。早期的研究主要以思辨性研究为主，或使用官方统计数据，描述社会转型背景下的犯罪样态，从法学、社会学、心理学、犯罪学、经济学等学科视角，探讨犯罪的原因并提出相应的预防对策。如刘晓梅（2004）提出社会转型期犯罪的原因包括贫富分化加剧、文化价值观念混乱、社会控制体系处于失灵或半失灵状态、社会心理严重失衡。[①] 康树华（2005）提出改革开放以来中国犯罪最显著的特点是犯罪数量明显上升，犯罪质量日趋严重，犯罪的原因包括社会阶层结构分化，加剧了社会成员间的矛盾与冲突；社会转型，城市化进程加快，拉大城乡贫富差距，加剧人口流动，导致社会关系解体；法律不健全，管理制度不完善；监督机制不健全，贪污贿赂犯罪持续上升挫伤了人民的积极性；治理犯罪和预防犯罪工作滞后；前些年资产阶级自由化泛滥，而宣传教育和政治思想工作却一度放松。[②] 张勇和李媛媛（2005）提出社会转型期犯罪高发的原因包括经济体制改革中的漏洞与产生的负面效应，社会分配不公与贫富差距加大，人口流动与失业导致社会矛盾增多，城市社会环境恶化滋生犯罪，国家行政功能与社会控制力减弱。[③] 周长康、张应立和钟绿芳（2006）提出改革开放以来，尤其

[①] 刘晓梅：《关于社会转型期犯罪问题的若干思考》，《天津社会科学》2004 年第 3 期。

[②] 康树华：《全面建设小康社会进程中犯罪研究》，北京大学出版社 2005 年版，第 109—117 页。

[③] 张勇、李媛媛：《社会转型期重大刑事犯罪增生的原因分析》，《铁道警官高等专科学校学报》2005 年第 1 期。

是 1989 年以来中国犯罪数量急剧上升，犯罪的发展受到经济、政治、文化发展变化以及社会就业状况、社会腐败状况、犯罪控制能力等多方面因素的影响。① 张宝和符华锋（2007）提出犯罪的原因包括市场经济的负面影响，贫富不均，经济利益多元，社会规范体系的功能缺陷，城市环境恶化，人口流动加快，帮会文化、不良文化传播等。② 王大为（2008）提出社会转型期犯罪行为具有以下特点：犯罪具有突发性和规模性效应，犯罪行为有向高阶层发展的趋势，利用公权力犯罪的情形严重，大量传统犯罪死灰复燃、恶性发展，新的犯罪形态层出不穷，犯罪的地域差异明显，流动人口犯罪占总体犯罪的比重增加。③

随着西方犯罪学理论在中国的传播以及实证研究方法在中国的推广，近年来，国内一些学者逐渐认识到绝大多数犯罪并非随机事件，犯罪行为是在一些因素的影响作用下发生的，从微观个体层面探讨犯罪行为的影响因素，对于揭示犯罪行为的发生机制，确定犯罪的高发群体，制定和实施相应的犯罪预防策略具有非常重要的现实意义，便开始尝试运用实证研究方法，基于犯罪的一般理论、社会学习理论、一般紧张理论、社会控制理论、社会分化与暴力理论等西方犯罪学理论视角，研究中国的犯罪问题，试图从微观个体层面探讨社会急剧转型背景下，影响个体实施犯罪行为的因素。此外，还有一些学者专门将流动人口与本地居民实施犯罪行为的情况及其影响因素进行对比分析，考察来自不同犯罪学理论的关键变量对流动人口和本地居民犯罪行为或越轨行为的影响是否存在差异，试图构建流动人口犯罪的发生机制。

① 周长康、张应立、钟绿芳：《发展犯罪学——从传统犯罪到现代犯罪》，群众出版社 2006 年版，第 239 页。
② 张宝、符华锋：《我国社会转型期刑事犯罪高发原因分析》，《郑州经济管理干部学院学报》2007 年第 4 期。
③ 王大为：《越轨行为与犯罪》，载李培林、李强、马戎《社会学与中国社会》，社会科学文献出版社 2008 年版，第 753—754 页。

以往的研究丰富了国内有关犯罪行为影响因素的研究成果，也为后续研究提供了有益的借鉴和启示，值得充分肯定，但也存在一些问题有待解决。

一是在调查地点的选取上，上述研究选取的调查地点主要集中在广州、石家庄等相对比较发达的中部、南部地区大中城市，鲜有研究选取西部地区作为调查地点。随着国民经济和社会发展战略的转轨以及改革开放的不断深入，虽然西部地区经济社会得到较快发展，但由于自然、历史和国家经济政策普遍向东部沿海地区倾斜，导致西部地区的经济发展水平仍明显滞后于东部地区，[①] 在城市化速度、城市人口规模结构上与东部地区存在较大差异，在犯罪类型及表现形式上可能也存在一定差异，所以以往基于广州、石家庄等大中城市人口的调查数据得出的研究结论可能并不适用于西部地区，无法有效指导西部地区的犯罪预防与治理工作。

二是在调查对象的选取上，绝大多数选取的是在校中学生，考察一些社会危害性相对较小的轻微偏差行为或越轨行为的影响因素。在校中学生自我控制水平相对较高，且受到家庭、学校等非正式社会控制力量的监督，犯罪行为的发生率以及严重程度相对较低，例如，以往的研究发现在校学生毒品使用行为的发生率相对较低，为1%—3%，[②] 研究结论对于政府相关部门制定和实施刑事政策和社会政策能够起到的指导作用相对有限。尽管以往诸多研究发现服刑人员被捕前实施各类犯罪行为的频率较高，但很少有研究关注处于"高墙"之内的服刑人员，探讨影响其被捕前实施各类犯罪行为的相关因素，这可能与他们特殊的身份和监狱相对封闭不便开

---

① 卢艳、徐建华：《我国东西部地区差异的实证研究与收敛性的 R/S 分析》，《人文地理》2003 年第 2 期。

② 林丹华、苏少冰、胡伟、何立群：《工读学校和普通中学学生的毒品使用行为及影响因素分析》，《中国临床心理学杂志》2010 年第 5 期；姚晓欣、钟田飞、夏希、顾菁：《广州市大学生新型毒品滥用情况及影响因素》，《中国公共卫生》2014 年第 8 期；周金华、郭蓝、卢次勇、邓剑雄：《云浮市中学生新型毒品使用情况及影响因素》，《中国公共卫生》2016 年第 1 期。

展调查研究有关,① 目前, 仅检索到金诚于 2015 年开展的 "新生代农民工犯罪问题调查" 选取的是监狱服刑人员。

三是将流动人口与本地居民实施犯罪行为的频率及其影响因素进行对比分析的研究大多仅关注乡—城流动人口 (即农村户籍流动人口), 普遍忽视了城—城流动人口 (即城镇户籍流动人口), 如 Lo 等学者的研究②、Liu Jianhong 和 Liu Siyu 的研究③、Shen YinZhi 和 Zhong Hua 的研究④。事实上, 中国的户籍制度具有 "双二元" 属性, 既有 "城乡差别" (城镇—乡村), 也有 "内外之分" (本地—外来)。⑤ 按照户口类型或户口性质, 将中国的人口划分为农业户口和非农业户口, 同时按照每个人的户口所在地, 又可以将流入地常住居民划分为本地居民和流动人口。⑥ 尽管乡—城流动人口占全部流动人口的比例高达 80%,⑦ 但该群体并不能代表流动人口整体, 因为城—城流动人口与乡—城流动人口虽然同属于流动人口, 但是个人发展能力、城镇户籍及其衍生因素使城—城流动人口比乡—城流动人口在经济生活方面具有更大的优势, 如城—城流动人口受教育水平和职业技能水平更高, 所以两组人群可能不同属于一个

---

① 郭英、张梦柔、谢雨菲:《社会支持量表 (服刑人员版) 的修订及信效度研究》,《现代预防医学》2016 年第 18 期。

② Lo C. C., Cheng T. C., Bohm M., et al., "Rural-to-Urban Migration, Strain, and Juvenile Delinquency: A Study of Eighth-Grade Students in Guangzhou, China", *International Journal of Offender Therapy & Comparative Criminology*, 2016, pp. 1 – 16.

③ Liu J., Liu S., "Are Children of Rural Migrants More Delinquent than Their Peers? A Comparative Analysis of Delinquent Behaviors in the City of Guangzhou, China", *Crime Law & Social Change*, 2016, pp. 1 – 25.

④ Shen Y., Zhong H., "Rural-to-Urban Migration and Juvenile Delinquency in Urban China: A Social Control Perspective", *Asian Journal of Criminology*, No. 3, 2018, pp. 1 – 23.

⑤ 杨菊华:《城乡差分与内外之别: 流动人口经济融入水平研究》,《江苏社会科学》2010 年第 3 期。

⑥ 陈传波、阎竣:《户籍歧视还是人力资本差异? ——对城城与乡城流动人口收入差距的布朗分解》,《华中农业大学学报》(社会科学版) 2015 年第 5 期。

⑦ 何炤华、杨菊华:《安居还是寄居? 不同户籍身份流动人口居住状况研究》,《人口研究》2013 年第 6 期。

社会阶层，以往用乡—城流动人口代替流动人口整体的做法，会模糊流动人口与本地居民之间的差异，不利于准确掌握当前流动人口犯罪的形势。

西方犯罪学历经百余年的发展与完善，形成了一个由众多学派、理论学说及研究成果构成的较为成熟的学科体系，可以为中国犯罪问题研究以及犯罪治理提供有益的借鉴和启示。但需注意的是，由于西方犯罪学理论是基于西方国家的犯罪形势建立和发展起来的，中西方在基本的国情和社情上存在较大差异，所以对西方犯罪学理论的借鉴不能奉行简单的"全盘接受""拿来主义"，需基于中国的实际国情和社情，选择合适的犯罪学理论作为分析视角。当前中国社会正处于加速转型期，整个社会发生着急剧的变革，经济社会得到快速发展的同时，也出现一些社会问题，如传统价值观和道德规范受到质疑，正式的和非正式的社会控制力量弱化。处于该宏观社会背景下的个体普遍经历了社会急剧变革带来的一系列负面结果，经历了更加多元化、更高强度的紧张事件和情形，如失业、离婚、遭受犯罪的侵害等，容易产生愤怒、抑郁等负面情绪。这些与西方国家个体经历的状况极为相似，所以许多在西方国家会导致犯罪的因素，如自我控制水平低下、与违法同伴交往、经济压力、遭受犯罪的侵害、居住在不利的社区、经历负面生活事件等，在中国可能同样也会导致犯罪。[①] 因此，相较于其他西方犯罪学理论，犯罪的一般理论、社会学习理论、一般紧张理论可能更适用于解释中国人的犯罪行为。尽管以往基于中国样本的实证研究得出了混合的研究结论，但大多也支持这一推断，发现自我控制水平、与违法同伴交往、紧张可以在一定程度上解释中国青少年群体的犯罪或越轨行为，证实上述犯罪学理论可以跨越文化和国

---

① Agnew R. ，"Using General Strain Theory to Explain Crime in Asian Societies"，*Asian Journal of Criminology*，Vol. 10，No. 2，2015，pp. 131 – 147；陈曦、钟华：《压力、负面情绪与中国流动儿童的越轨行为》，《青少年犯罪问题》2012 年第 5 期。

别的界限适用于中国。①

作为高风险人群，监狱服刑人员被捕前实施犯罪行为的频率往往较高，将其作为调查对象，可以有效获取其被捕前毒品滥用和实施犯罪行为的数据，尤其是可以获取那些执法部门尚未发现的犯罪行为，② 将人们注意力转移到更加严重的犯罪行为及其影响因素上，研究结论对于政府相关部门确定犯罪的高发人群，制定和实施相应的犯罪预防策略，以及监狱管理部门有针对性地开展服刑人员教育改造工作，具有极为重要的指导意义。为此，本书选取了犯罪的一般理论、社会学习理论、一般紧张理论这三个微观层面的犯罪学理论作为理论基础，采取定量研究与定性研究相结合的方式，通过对贵州省三所监狱服刑人员进行问卷调查和深入访谈，掌握服刑人员被捕前实施暴力犯罪行为、财产犯罪行为、毒品犯罪行为的情况，识别影响上述犯罪行为的相关因素，进而寻求有效的犯罪预防策略。

三 研究意义

本书体现了选题与时代背景的深度融合，具有一定的理论意义和实践价值。

从理论意义上看，首先，本书将中国的犯罪问题与西方犯罪学理论相结合，从微观个体层面探讨了社会转型背景下暴力犯罪行为、财产犯罪行为、毒品犯罪行为这三种较为突出的犯罪行为的影响因素，可以进一步丰富国内有关犯罪行为影响因素的研究成果。其次，中国

---

① 陈曦、钟华：《压力、负面情绪与中国流动儿童的越轨行为》，《青少年犯罪问题》2012 年第 5 期；Lo C. C. , Cheng T. C. , Bohm M. , et al. , "Rural-to-Urban Migration, Strain, and Juvenile Delinquency: A Study of Eighth-Grade Students in Guangzhou, China", *International Journal of Offender Therapy & Comparative Criminology*, Vol. 62, No. 2, 2016, pp. 1 – 16; Gao Yunjiao, Wong Dennis S. W. , "Strains and Delinquency of Migrant Adolescents in China: An Investigation from the Perspective of General Strain Theory", *Youth and Society*, Vol. 50, No. 4, 2015, pp. 1 – 23; Liu Jianhong, Liu Siyu, "Are Children of Rural Migrants More Delinquent than Their Peers? A Comparative Analysis of Delinquent Behaviors in the City of Guangzhou, China", *Crime Law & Social Change*, Vol. 66, No. 5, 2016, pp. 465, 489。

② Li S. D. , "Race, Self-control, and Drug Problems among Jail Inmates", *Journal of Drug Issues*, Vol. 35, No. 4, 2005, pp. 645 – 663.

犯罪学基础理论研究薄弱，目前尚未形成系统性的知识体系和学科框架。① 中国的犯罪学发展以及犯罪治理都需要吸收和借鉴西方犯罪学理论的精华，但是西方犯罪学理论是基于西方国家的犯罪形势建立和发展起来的，中西方在基本的国情和社情上存在较大差异，需要对西方犯罪学理论进行本土化研究，并结合中国的国情和社情加以修订。本书将对上述犯罪学理论在中国的适用性进行检验，有助于推进上述理论的本土化进程。最后，自理论产生以来，一直有学者呼吁，希望各国学者能够使用更加多样化的样本来检验上述理论，使其得以不断丰富和完善，理论的适用范围也得以不断扩大。以往的研究大多是在西方国家，主要是在美国进行的，在亚洲国家，特别是在中国进行的研究非常有限。处于转型期的中国社会，犯罪率居高不下，能够为检验上述三个经典犯罪学理论提供一个很好的场域，有助于上述理论得以进一步丰富、完善和发展。

从现实意义上看，本书运用科学严谨的研究方法，识别社会转型期影响三种较为突出的犯罪行为的相关因素，进而探索有效的犯罪预防策略。一方面，可以为政府相关部门确定犯罪的高发人群，制定和实施相应的刑事政策和社会政策提供借鉴和参考，通过控制和消除容易诱发特定群体犯罪行为的因素，达到遏制当前犯罪的高发态势，维护社会和谐稳定的目的；另一方面，可以指导监狱管理部门有针对性地开展服刑人员教育改造工作，提升教育改造效果，帮助其出狱后顺利融入社会，降低再犯率。

第二节　概念界定

一　暴力犯罪行为

从犯罪学的角度看，暴力犯罪并不仅仅局限于某些具体的罪名，而是指对人身以及社会安定造成巨大伤害，且在犯罪过程中使用暴力

---

① 张旭：《犯罪学的西方理论与中国现实》，《吉林大学社会科学学报》2008 年第6 期。

的行为。本书基于犯罪学视角对暴力犯罪行为展开研究，主要关注个体间的暴力犯罪行为，即威胁或使用强硬手段造成他人身体或精神上的伤害。也就是说，暴力犯罪行为不仅涵盖《刑法》中涉及的多种罪名，还包括其他一些比较轻微的暴力行为，如打架。

二　财产犯罪行为

从犯罪学的角度看，财产犯罪同样也不局限于某些具体的罪名，而是指以非法占有为目的，攫取公私财物或者破坏公私财物的行为。本书基于犯罪学视角对财产犯罪行为展开研究，研究中涉及的财产犯罪不仅涵盖《刑法》中涉及的盗窃、诈骗、敲诈勒索多种罪名，还包括其他一些具有社会危害性，但依照《刑法》的规定尚不构成犯罪的财产犯罪行为。

三　毒品犯罪行为

由于中国实行毒品管制，并且吸毒行为具有较大的社会危害性，吸毒成瘾容易衍生出贩毒、盗窃、抢劫、卖淫、诈骗等犯罪行为，所以本书中涉及的毒品犯罪不仅涵盖《刑法》中涉及的走私、贩卖、运输、制造毒品罪，非法持有毒品罪等多种罪名，还包括吸毒行为。

第三节　研究内容与目标

本书旨在对暴力犯罪行为、财产犯罪行为、毒品犯罪行为这三类社会转型期较为突出的犯罪行为进行深入的研究，识别影响上述犯罪行为的因素，并寻求有效的犯罪预防策略。具体包括以下内容：

首先，采取自我报告的方式，获取服刑人员被捕前 1 年里实施暴力犯罪行为、财产犯罪行为、毒品犯罪行为的情况，并以犯罪学三个著名的犯罪学理论，即犯罪的一般理论、社会学习理论、一般紧张理论为理论分析框架，全面识别影响服刑人员被捕前 1 年里实施暴力犯罪行为、财产犯罪行为、毒品犯罪行为的相关因素。

其次，比较服刑人员中的流动人口与本地居民在被捕前 1 年里实施暴力犯罪行为、财产犯罪行为、毒品犯罪行为的差异，对比影响两组人群实施上述犯罪行为的相关因素。

再次，运用访谈资料，深入分析服刑人员被捕前实施暴力犯罪行为、财产犯罪行为、毒品犯罪行为的影响因素及其作用机制，对定量研究的结论做进一步补充、验证、阐释。

最后，针对影响暴力犯罪行为、财产犯罪行为、毒品犯罪行为的因素，提出相应的犯罪预防对策建议。

围绕以上研究内容，本书的主要目标是在对社会转型期背景下的暴力犯罪、财产犯罪、毒品犯罪这三类较为突出的犯罪问题进行全面深入分析的基础上，识别这三类犯罪行为的影响因素及其作用机制，并就如何预防提出具体的对策建议。

第四节　研究方法与技术路径

一　研究方法

在社会科学研究领域，定量研究与定性研究是两种不同性质的研究范式或研究类型，在回答问题、研究目标、研究程序、研究策略、研究工具上均存在较大差异。一般来说，定量研究主要回答的是有关整体的、相对宏观的、相对普遍的、侧重客观事实的，特别是有关变量之间关系的问题；研究的目标是验证已有的理论假设；研究过程严格遵循从确定研究问题开始，经过研究设计、资料收集、资料分析，到得出研究结果为止的"标准程序"。该方法具有便于研究者学习，能够进行研究的复制，研究者个人水平能够产生的影响相对较小等优点，但也存在一定局限，如研究始终围绕这些经过简化的、非常有限的变量进行，难以获取更深入的信息，容易忽略具体的社会过程和深层次动机。[1]

---

[1]　凤笑天：《定性研究与定量研究的差别及其结合》，《江苏行政学院学报》2017 年第 2 期。

定性研究主要回答的是有关个体的、相对微观的、相对特殊的、侧重主观意义的，特别是有关具体情境之中的互动问题；研究的目标是揭示现象的变化过程、现象的内在联系、研究对象的主观认知、诠释行为意义、发展和建构新的理论假设；研究过程不会严格遵循"标准程序"，可以在研究的过程中不断改变、修正、调整和反复。定性研究需将研究的现象放回到具体的现实情境、时空背景、社会互动中去观察、研究、理解和诠释，可以更加准确地认识和理解所研究的现象，但同样也存在一定局限，如强调以研究者自身为研究工具，强调研究的参与性，所以研究容易受到研究者主观经验和主观因素的影响，导致"客观性缺失"。①

总的来看，定性研究方法与定量研究方法可谓各有优势，但也各自存在一定的局限性。因此，一直有学者在探讨定性研究与定量研究相结合的问题，即所谓的"混合方法设计"。近年来，越来越多的学者尝试采取定量与定性研究相结合的方式，开展社会学、教育学、政治学等社会科学的研究。

考虑到单纯采取定量研究方法，考察犯罪行为的发生频率及其影响因素，可能会存在一些问题，如无法对定量研究的分析结果进行更深层次的解释和解读，同时缺乏对于隐含信息的追问和深层次挖掘，导致研究不够深入，而单纯采取定性研究方法，可能也会存在一些问题，如无法对相关变量与犯罪行为之间的关系进行充分的证实和证伪，并且很难保障定性数据对于所涉及问题的稳定性，导致研究的客观性不足，所以本书采取定量与定性研究相结合的方法。② 具体来说，第一阶段，运用问卷调查法收集定量资料，通过对定量资料进行分析，了解犯罪行为的发生频率及其影响因素；第二阶段，运用访谈

---

① 凤笑天：《定性研究与定量研究的差别及其结合》，《江苏行政学院学报》2017 年第 2 期。

② 凤笑天认为定量研究与定性研究的结合包括两个层面，一个是研究方式层面的结合，另一个是具体方法和技术层面的结合，本书属于后者，即研究中同时运用了定量与定性两种研究方式中的一些具体方法和技术，例如，运用了定量研究中的问卷调查法以及定性研究中的个案访谈法。具体参见凤笑天《定性研究与定量研究的差别及其结合》，《江苏行政学院学报》2017 年第 2 期。

法收集定性资料，运用扎根理论，对定性资料进行分析，旨在进一步补充、验证、阐释定量资料的分析结果。

二 技术路径

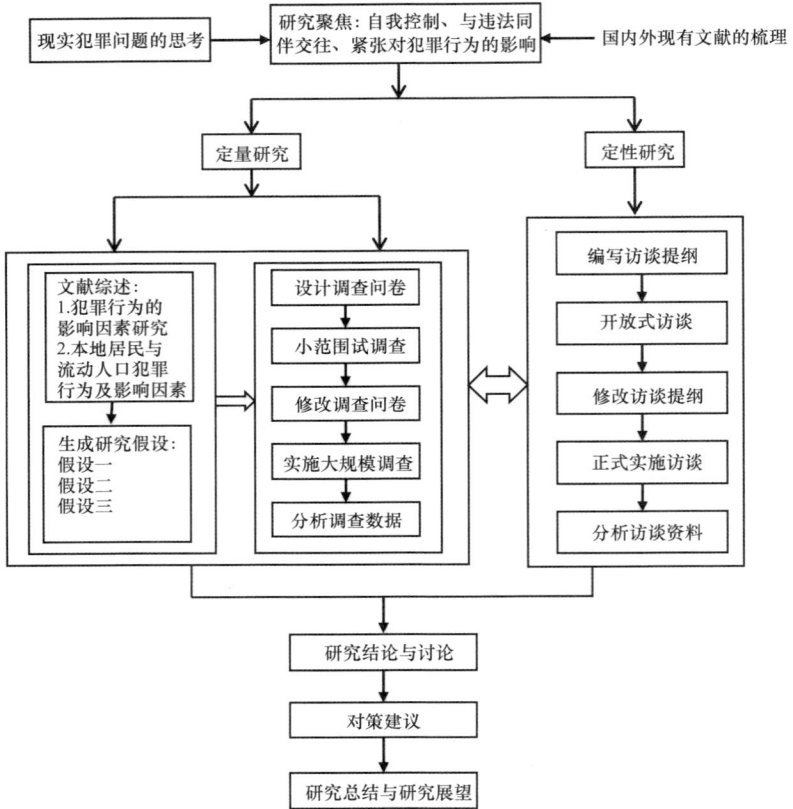

图1-4 技术路径

第二章　文献回顾与研究假设

第一节　犯罪行为影响因素的
相关研究回顾

一　自我控制影响犯罪行为的研究

（一）犯罪的一般理论

1990 年，美国当代著名犯罪学家迈克尔·戈特弗里德森与特拉维斯·赫希在其合著的《犯罪的一般理论》一书中，系统地论述了犯罪的一般理论，并声称其可以解释任何时间、地域、文化背景下的犯罪行为和越轨行为。过去三十多年里，该理论作为犯罪学与刑事司法领域对犯罪行为最流行的解释，在犯罪学和相关领域产生了重要的影响。Pratt 和 Cullen 曾在文中写道："未来的研究如果在实证分析中忽视了自我控制，就会有出错的风险"[1]。

戈特弗里德森与赫希将犯罪与犯罪性区分开来，认为犯罪是一种事件，是"为追求自身利益，从事的暴力和欺诈行为"。犯罪性是个体实施犯罪的一种倾向，犯罪性的实质是低的自我控制，即"个体追求短期满足，而不考虑行为长期后果的倾向"或是"考虑或者忽略行为长期后果的倾向"，主要包括：（1）冲动性，即喜欢追求欲望的即时满足而不是延迟满足；（2）对简单任务的偏好，即喜欢做容易的工作来达到自己的目的，避免做复杂的工作；（3）冒险的潜质，

---

[1]　Pratt T. C. , Cullen F. T. ,　"The Empirical Status of Gottfredson and Hirschi's General Theory of Crime: A Meta-analysis", *Criminology*, Vol. 38, No. 3, 2000, pp. 931 –964.

即喜欢能够产生兴奋、刺激、富有冒险性的活动；（4）对身体活动的偏好，即喜欢躯体活动而不是精神活动；（5）以自我为中心，即对于行为可能对他人产生的后果漠不关心；（6）反复无常的脾气，即挫折容忍度低，容易发怒。[①]

戈特弗里德森和赫希认为自我控制是一种个人内在的特质，是不适当的儿童养育活动的一种结果。[②] 由于儿童早期，他们的父母没有密切监视儿童的行为，发现他们的偏差行为，并对这些行为进行惩罚，未能帮助孩子完成社会化，导致孩子的自我控制水平低下。[③] 自我控制大约在8—10岁时被建立，之后在整个生命历程中保持相对稳定。自我控制水平低的人在整个生命历程中都存在问题行为和产生不良后果的风险，包括学习成绩差、人际关系差、就业前景不好、婚姻失败、健康状况差，尤其是实施越轨行为、反社会行为、参与犯罪活动。[④] 因此，该理论通常被用于解释学术成就、工作表现、犯罪行为以及吸烟、喝酒等轻率行为。

（二）自我控制变量的测量

自犯罪的一般理论产生以来，各国学者一直都在努力寻找合适的测量工具，以便更好地测量该理论的关键变量，即自我控制水平。目前有关自我控制水平的测量方式大致可以分为两种，一种是态度量表。Grasmick和同事于1993年编制了一套自我控制态度量表，一共有24个问题，正好覆盖了戈特弗里德森和赫希提出的自我控制包含的6个维度，即冲动性、对简单任务的偏好、冒险性、对身体活动的偏好、以自我为中心、反复无常的脾气，采用李克特四点式记分，从

---

① 吴宗宪：《西方犯罪学史》，中国人民公安大学出版社2010年版，第1330—1338页。
② ［美］迈克尔·戈特弗里德森、特拉维斯·赫希：《犯罪的一般理论》，吴宗宪、苏明月译，中国人民公安大学出版社2009年版，第13页。
③ Grasmick H. G., Tittle C. R., Bursik R. J., et al., "Testing the Core Empirical Implications of Gottfredson and Hirschi's General Theory of Crime", *Journal of Research in Crime & Delinquency*, Vol. 30, No. 1, 1993, p. 7.
④ Moffitt T. E., Arseneault L., Belsky D., et al., "A Gradient of Childhood Self-control Predicts Health, Wealth, and Public Safety", *Proceedings of the National Academy of Sciences of the United States of America*, Vol. 108, No. 7, February 2011, pp. 2693 – 2698.

"完全不赞同"到"完全赞同",得分越高表明自我控制水平越低。[①]
1996 年 Longshore 将上述量表由李克特四点式记分改为五点式记分。[②]
该量表在相关研究中得到了广泛的使用,产生了较大的影响力。之后
的一些学者对该量表进行了简单的修订,如 Tangney 等学者对其进行
修订后,编制了一套简明自我控制量表(Brief Self-control Scale),包
括"我能抵御诱惑""我很难改掉坏习惯""我挺懒的""我总会说
些不恰当的话"等 13 个问题,采用李克特五点式记分,从"完全不
赞同"到"完全赞同",得分越高表明自我控制水平越低。[③] Piquero
和 Tibbetts、Gibson 和 Wright 使用的是 Grasmick 和同事编制的自我控
制态度量表的简化版,包括"我常常凭一时冲动做事,而不会仔细
考虑后再去做""我做事只图当时痛快,不考虑长远利益"等 12 个
问题,采用李克特四点式记分,从"非常不同意"到"非常同意",
得分越高表明自我控制水平越低。[④]

　　另一种是行为量表。虽然态度量表得到了广泛的应用,但也受到
一些学者的批判,如赫希和戈特弗里德森认为该量表不是控制理论的
逻辑,而是心理实证主义的逻辑,而心理实证主义恰恰是他们所明确
拒绝的一种逻辑,[⑤] 认为自我控制水平表现在行为上,所以应使用行
为指标(例如,出现吸烟、喝酒、鲁莽驾驶、旷工等行为的频数)

---

① Grasmick H. G., Tittle C. R., Bursik R. J., et al., "Testing the Core Empirical Impli-cations of Gottfredson and Hirschi's General Theory of Crime", *Journal of Research in Crime & De-linquency*, Vol. 30, No. 1, 1993, pp. 14 – 15.

② Longshore D., Rand S. T., Stein J. A., "Self-control in a Criminal Sample: An Exami-nation of Construct Validity", *Criminology*, Vol. 34, No. 2, 1996, pp. 209 – 228.

③ Tangney J. P., Baumeister R. F., Boone A. L., "High Self-control Predicts Good Ad-justment, Less Pathology, Better Grades, and Interpersonal Success", *Journal of Personality*, Vol. 72, No. 2, 2004, pp. 271 – 322.

④ Alex Piquero, Stephen Tibbetts, "Specifying the Direct and Indirect Effects of Low Self-control and Situational Factors in Offenders Decision Making: Toward a More Complete Model of Rational Offending", *Justice Quarterly*, Vol. 13, No. 3, 1996, pp. 481 – 510; Gibson C., Wright J., "Low Self-control and Coworker Delinquency: A Research Note", *Journal of Criminal Justice*, Vol. 29, No. 6, 2001, pp. 483 – 492.

⑤ Hirschi T., Gottfredson M. R., "Commentary: Testing the General Theory of Crime", *Journal of Research in Crime & Delinquency*, Vol. 30, No. 1, 1993, pp. 47 – 54.

来测量自我控制水平。[①] Marcus 于 2003 年编制了一套自我控制回顾性行为量表（Retrospective Behavioral Self-control Scale, RBS），包括 67 个问题，让受访者回顾整个发育期（即童年、青春期、成年早期）发生的 8 大类（包括学校不当行为、财产犯罪行为、物质滥用行为、身体攻击行为、浪费行为、缺勤或迟到行为、交通违法行为、有问题的社会行为）67 种能够带来短期满足，但要以长期负面后果为代价的行为。[②] Arneklev 等学者使用轻率行为指标来测量自我控制水平，包括"你吸烟吗？""你通常一周喝两瓶或三瓶酒吗？""你吃喜欢的食物，而不考虑它是否会影响身体健康吗？""当你驾车或乘车时，系安全带了吗？""你现在或曾经喜欢赌博吗？""在过去一年里，你是否出过事故或受重伤以至于不得不去看医生？"6 个问题，但行为量表同样也受到一些学者的批判，他们认为存在同义反复的问题，将越轨/犯罪行为作为自我控制水平低下的一个指标，反过来又用该指标来预测越轨/犯罪行为。[③] 总体上看，使用行为量表来测量自我控制水平的研究相对较少。

自我控制的态度指标和行为指标对越轨/犯罪行为的解释力究竟如何，一些学者专门对此进行了检验，但得出了混合的研究结论。一些研究发现行为指标在解释越轨/犯罪行为上更有效，如 Evans 等学者（1997）研究发现自我控制的行为指标是测量自我控制水平的最佳方式，能够更好地解释犯罪行为。[④] Benda（2005）研究发现与自我控制的态度指标相比，行为指标对饮酒行为、吸毒行

① Hirschi T., Gottfredson M. R., "Control Theory and the Life-Course Perspective", *Studies on Crime & Crime Prevention*, Vol. 4, No. 2, 1995, pp. 131 – 142.

② Marcus B., "An Empirical Examination of the Construct Validity of Two Alternative Self-control Measures", *Educational & Psychological Measurement*, Vol. 63, No. 4, 2003, pp. 674 – 706.

③ Bruce J. Arneklev, Lori Elis, Sandra Medlicott, "Testing the General Theory of Crime: Comparing the Effects of 'Imprudent Behavior' and an Attitudinal Indicator of 'Low Self-control'", *Western Criminology Review*, Vol. 7, No. 3, 2006, pp. 41 – 55.

④ Evans T. D., Cullen F. T., Jr V. S. B., et al., "The Social Consequences of Self-control: Testing the General Theory of Crime", *Criminology*, Vol. 35, No. 3, 1997, pp. 475 – 504.

为、侵犯人身权的犯罪行为、财产犯罪行为的解释力更强。[①] Pratt
和 Cullen（2000）通过对 21 项相关研究（包括 49727 个样本，17
个自变量）进行元分析，发现自我控制的行为指标对犯罪行为的解
释力稍强于态度指标，因为很多时候将越轨行为（如饮酒、吸烟、
超速驾驶）作为自我控制的行为指标，用于预测其他越轨或犯罪行
为。[②] 但也有一些研究发现态度指标在解释犯罪行为上更有效，如
Arneklev 等学者（2006）研究发现自我控制的态度指标比行为指标
对犯罪行为的解释力更强。[③] 此外，还有一些研究发现两个指标在
解释犯罪行为上的有效性相差无几，如 Walters（2016）对 13 项同
时使用态度指标和行为指标的研究进行元分析，发现态度指标和行
为指标与犯罪行为的相关程度大体相似，但态度指标与行为指标之
间的相关性不高。[④]

（三）相关实证研究

1. 基于外国样本的相关研究

国外学者以不同群体为调查对象，采用不同的测量方式，对自我
控制水平与犯罪行为的关系进行了诸多研究。一些研究发现自我控制
是一个一维的概念，总的自我控制水平是犯罪行为的显著影响因素。
例如，Grasmick 等学者（1993）使用自编的自我控制态度量表，通
过对 389 名俄克拉荷马城 18 岁以上的成年人进行问卷调查，发现自
我控制是一个一维的概念，自我控制水平、犯罪机会以及自我控制水
平与犯罪机会的交互作用是欺诈行为的显著影响因素，犯罪机会以及

①　Benda B. B. ，"The Robustness of Self-control in Relation to Form of Delinquency"，
Youth & Society，Vol. 36，No. 4，2005，pp. 418 – 444.

②　Pratt T. C. ，Cullen F. T. ，"The Empirical Status of Gottfredson and Hirschi's General
Theory of Crime：A Meta-analysis"，*Criminology*，Vol. 38，No. 3，2000，pp. 931 – 964.

③　Arneklev Bruce J. ，Elis Lori，Medlicott Sandra，"Testing the General Theory of Crime：
Comparing the Effects of 'Imprudent Behavior' and an Attitudinal Indicator of 'Low Self-con-
trol'"，*Western Criminology Review*，Vol. 7，No. 3，2006，pp. 41 – 55.

④　Walters G. D. ，"Are Behavioral Measures of Self-control and the Grasmick Self-control
Scale Measuring the Same Construct? A Meta-analysis"，*American Journal of Criminal Justice*，
Vol. 41，No. 2，2016，pp. 151 – 167.

自我控制水平与犯罪机会的交互作用是暴力行为的显著影响因素。[1]
Benda（2005）同时使用自我控制的态度量表和行为量表，使用 3335
名高中学生的分层随机抽样数据，发现与自我控制的态度指标相比，
行为指标对饮酒行为、吸毒行为、侵犯人身权的犯罪行为、财产犯罪
行为的解释力更强，将来自其他理论的变量纳入模型后，自我控制的
态度指标和行为指标仍然是犯罪行为的显著影响因素，同时，来自其
他理论的一些变量以及社会特征也是犯罪行为的显著影响因素，说明
自我控制是犯罪行为的必要但不充分解释。[2] Rebellon 等学者
（2007）使用自编的六个问题来测量自我控制水平，对 21000 余名 6
大洲 32 个国家的大学生进行调查，发现自我控制水平是暴力犯罪行
为和财产犯罪行为的显著影响因素，并且自我控制水平比与违法同伴
交往对暴力犯罪行为和财产犯罪行为的影响更大。[3] Ryan 等学者
（2013）使用 Grasmick 等学者编制的自我控制态度量表中的冲动和冒
险两个分量表（共有 8 个问题），对 1527 名美国青少年进行问卷调
查，发现自我控制水平与暴力犯罪行为和非暴力犯罪行为（包括在
学校打架、携带武器到学校、逃课）、各种物质滥用行为（包括吸
烟、饮酒、吸食大麻、使用吸入剂、使用其他非法毒品）呈显著正
相关关系，自我控制水平低的人更可能实施上述犯罪行为。[4] Courey
和 Pare（2016）使用国家儿童和青少年纵向调查数据（包括 1261 名
加拿大 16—17 岁的青少年），发现自我控制水平是暴力犯罪行为、盗

---

① Grasmick H. G. , Tittle C. R. , Bursik R. J. , et al. , "Testing the Core Empirical Implications of Gottfredson and Hirschi's General Theory of Crime", *Journal of Research in Crime & Delinquency*, Vol. 30, No. 1, 1993, p. 23.

② Benda B. B. , "The Robustness of Self-control in Relation to Form of Delinquency", *Youth & Society*, Vol. 36, No. 4, 2005, pp. 418 – 444.

③ Rebellon C. J. , Straus M. A. , Medeiros R. , "Self-control in Global Perspective: An Empirical Assessment of Gottfredson and Hirschi's General Theory Within and Across 32 National Settings", *European Journal of Criminology*, Vol. 5, No. 3, 2007, pp. 331 – 361.

④ Ryan C. Meldrum, Alex R. Piquero, Jim Clark, "Does Low Self-control Predict Fictitious Drug Use and Untruthfulness?", *Deviant Behavior*, Vol. 34, No. 3, 2013, pp. 242 – 254.

窃犯罪行为、故意破坏行为、吸毒行为的显著影响因素。[1] Yun 等学者（2016）使用 6 个问题来测量自我控制水平，对 1629 名韩国初中生进行问卷调查，发现即便是控制了与违法同伴交往、对父母的依恋和人口背景特征，自我控制水平仍然是犯罪行为的显著影响因素，此外，性别、与违法同伴交往也是犯罪行为的显著影响因素，但是自我控制水平对犯罪行为的影响最大。[2]

还有一些研究发现自我控制是一个多维度的概念，不同维度对不同类型的犯罪行为具有不同的影响。如 Peter 等学者（1993）采用 Grasmick 等学者编制的自我控制态度量表，通过对 975 名美国俄克拉荷马州青少年进行问卷调查，考察自我控制水平与侵犯人身权的犯罪行为、盗窃行为、故意破坏行为、合法的物质滥用行为、非法的物质滥用行为、轻率行为的关系，发现自我控制是一个多维度的概念，冒险与除药物滥用行为之外的其他几种行为都呈显著相关关系，反复无常的脾气与盗窃行为和药物滥用行为呈显著相关关系。[3] Lagrange 和 Silverman（1999）将 Grasmick 等学者编制的自我控制态度量表修订为 26 个问题，同时将吸烟、饮酒的频率作为自我控制的行为指标，通过对 2000 名加拿大 7—12 年级的学生进行问卷调查，发现自我控制是一个多维度的概念，包括冒险、冲动、反复无常的脾气、以现实为导向、粗心与草率 5 个维度，在控制了犯罪机会以及人口背景特征之后，冒险、反复无常的脾气、粗心与草率、以现实为导向、吸烟、饮酒是财产犯罪行为的显著影响因素，粗心与草率、以现实为导向、饮酒是暴力犯罪行为的显著影响因素，仅有以现实为导向是毒品犯罪

---

① Courey M., Pare P. P., "A Closer Look at the Relationship Between Low Self-control and Delinquency: The Effects of Identity Styles", *Crime & Delinquency*, Vol. 62, No. 3, 2016, pp. 368 – 396.

② Yun I., Kim S. G., Kwon S., "Low Self-control Among South Korean Adolescents: A Test of Gottfredson and Hirschi's Generality Hypothesis", *International Journal of Offender Therapy & Comparative Criminology*, Vol. 60, No. 10, 2016, pp. 1185 – 1208.

③ Peter B. Wood, Betty Pfefferbaum, Bruce J. Arneklev, "Risk-taking and Self-control: Social Psychological Correlates of Delinquency", *Journal of Crime & Justice*, Vol. 16, No. 1, 1993, pp. 111 – 130.

行为的显著影响因素。[1] Vazsonyi 等学者（2001）使用 Grasmick 等学者编制的自我控制态度量表，通过对 8417 名美国、荷兰、匈牙利、瑞士的青少年进行问卷调查，发现自我控制是一个多维度的概念，自我控制解释了不同类型犯罪行为 10%—16% 的变异量，解释总的犯罪行为 20% 的变异量。[2] Vazsonyi 等学者（2004）使用 Grasmick 等学者编制的自我控制态度量表，通过对 335 名日本青少年进行问卷调查，发现自我控制是一个多维度的概念，总的自我控制水平是男性故意破坏行为、毒品使用行为、学校不当行为、一般越轨行为、盗窃行为、总的犯罪行为的显著影响因素，是女性故意破坏行为、饮酒行为、毒品使用行为、学校不当行为、一般越轨行为、攻击行为、总的犯罪行为的显著影响因素。[3] Ozbay 和 Köksoy（2009）同时使用了自我控制态度量表（包括 6 个维度，23 个问题）和轻率行为量表，通过对 974 名土耳其大学生进行问卷调查，发现无论采取哪一种方式来测量自我控制水平，自我控制水平与暴力犯罪行为均呈显著正相关关系，自我控制的不同维度对暴力犯罪行为的影响有所不同，犯罪机会对暴力犯罪行为具有显著正向影响，自我控制的一些维度与犯罪机会的交互作用对暴力犯罪行为具有显著影响。[4] Conner 等学者（2009）使用男性青少年犯的纵向调查数据，发现自我控制是一个多维度的概念，各维度对犯罪行为的影响有所不同，冒险和反复无常的脾气是暴力犯罪行为的显著影响因素，冒险是财产犯罪行为的显著影响因素，

---

[1]　Lagrange T. C. , Silverman R. A. ,"Low Self-control and Opp. Ortunity: Testing the General Theory of Crime as an Explanation for Gender Differences in Delinquency", *Criminology*, Vol. 37, No. 1, 1999, pp. 41 – 72.

[2]　Vazsonyi A. T. , Pickering L. E. , Junger M. , et al. , "An Empirical Test of a General Theory of Crime: A Four-nation Comparative Study of Self-control and the Prediction of Deviance", *Journal of Research in Crime & Delinquency*, Vol. 38, No. 2, 2001, pp. 91 – 131.

[3]　Vazsonyi A. T. , Wittekind J. E. C. , Belliston L. M. , et al. , "Extending the General Theory of Crime to 'The East': Low Self-control in Japanese Late Adolescents", *Journal of Quantitative Criminology*, Vol. 20, No. 3, 2004, pp. 189 – 216.

[4]　Ozbay O. , Köksoy O. , "Is Low Self-control Associated with Violence among Youths in Turkey?", *International Journal of Offender Therapy & Comparative Criminology*, Vol. 53, No. 2, 2009, pp. 145 – 167.

反复无常的脾气是吸毒行为的显著影响因素。[1]

2. 基于中国样本的相关研究

在中国背景下，考察自我控制水平对犯罪行为影响的实证研究相对较少，有限的研究对于自我控制是否可以解释中国人的犯罪行为，犯罪的一般理论是否可以适用于中国得出了混合的结论。一些研究发现自我控制水平是犯罪行为的显著影响因素，证实该理论可以适用于中国，如郑红丽和罗大华（2009）对 Vazsonyi 等学者针对青少年编制的自我控制量表进行了修订，通过对 618 名北京、广东、四川三个省份未成年管教所、未成年人教养所的男性学员和 179 名男性普通青少年（未犯罪人群）进行问卷调查，发现自我控制水平是青少年自我报告偏差行为的显著影响因素，并且解释力极强。[2] Cretacci 等学者（2009）同时使用 Grasmick 等学者编制的自我控制态度量表和赫希编制的自我控制量表（包括 9 个问题），通过对 150 名北京一所大学的在校生进行问卷调查，发现使用赫希编制的自我控制量表测量的自我控制水平是一般违法行为的显著影响因素，即便将使用 Grasmick 等学者编制的态度量表测量的自我控制水平纳入模型，该变量始终是一般违法行为的显著影响因素，但使用 Grasmick 等学者编制的态度量表测量的自我控制水平始终都不是一般违法行为的显著影响因素。[3] Lu 等学者（2012）使用 Grasmick 等学者编制的自我控制态度量表的简化版（包括冲动、冒险、以自我为中心、反复无常的脾气 4 个维度，共 12 个问题），通过对 1043 名杭州的中学生进行问卷调查，发现自我控制水平是轻微风险行为（包括吸烟、饮酒）和轻微违法行为（包括故意破坏行为、携带武器行为、打群架）的显著影响因素，自我控制水平低的青少年更可能实施上述行为，即便是控制了社

---

[1] Conner B. T., Stein J. A., Longshore D., "Examining Self-control as a Multidimensional Predictor of Crime and Drug Use in Adolescents with Criminal Histories", *Journal of Behavioral Health Services & Research*, Vol. 36, No. 2, 2009, pp. 137 – 149.

[2] 郑红丽、罗大华：《低自我控制与家庭社会经济地位在青少年犯罪中的作用——我国青少年犯罪成因实证研究初探》，《青年研究》2009 年第 3 期。

[3] Cretacci M. A., "Self-control and Chinese Deviance: A Look behind the Bamboo Curtain", *International Journal of Criminal Justice Sciences*, No. 4, 2009, pp. 131 – 143.

会控制变量之后，自我控制水平仍然是上述犯罪行为的显著影响因素。[1] Cheung（2014）通过对 4734 名中国香港高中生进行问卷调查，考察中国青少年赌博行为、物质滥用行为（包括吸烟行为、饮酒行为）与犯罪行为之间的关系，以及自我控制水平低下对上述风险行为的预测能力，研究发现赌博成瘾的发生率、赌博的频率、对赌博行为的态度与吸烟行为、饮酒行为、犯罪行为呈正相关关系，即使控制了社会经济特征、父母监控、与违法同伴交往等潜在的相关因素，自我控制水平低下也始终都是赌博成瘾、赌博频率、对赌博行为的态度、大量使用香烟和酒精行为、犯罪行为的显著影响因素。[2] Chui 和 Chan（2016）使用 Grasmick 等学者编制的自我控制态度量表，通过对 1377 名中国香港中学生进行问卷调查，发现自我控制是一个多维的概念，冲动、冒险、对躯体活动的偏好、以自我为中心 4 个维度是盗窃行为的显著影响因素，冒险、对躯体活动的偏好、以自我为中心、反复无常的脾气 4 个维度是暴力犯罪行为的显著影响因素。[3]

但也有研究得出了相反的结论，发现该理论不适用于中国。如 Wang 等学者（2002）通过对 527 名中国南方城市的青少年进行问卷调查，考察社会控制以及自我控制的冲动和坚持不懈两个维度对物质滥用行为（包括使用镇静剂、鸦片、海洛因）和犯罪行为（打架、偷窃、说谎）的影响，发现青少年对家庭的依恋、父母监督、信念与物质滥用行为呈负相关关系，青少年对教育的投入与犯罪行为呈负相关关系，但是自我控制的冲动维度与物质滥用行为、犯罪行为都不存在显著相关关系，坚持不懈维度与物质滥用行为呈正相关关系，而

---

① Lu Y. F. , Yu Y. C. , Ren L. , et al. , "Exploring the Utility of Self-control Theory for Risky Behavior and Minor Delinquency Among Chinese Adolescents", *Journal of Contemporary Criminal Justice*, Vol. 29, No. 1, 2012, pp. 32 – 52.

② Cheung N. W. , "Low Self-control and Co-occurrence of Gambling with Substance Use and Delinquency among Chinese Adolescents", *Journal of Gambling Studies*, Vol. 30, No. 1, December 2012, pp. 105 – 124.

③ Chui W. H. , Chan H. C. , "The Gendered Analysis of Self-control on Theft and Violent Delinquency: An Examination of Hong Kong Adolescent Population", *Crime & Delinquency*, Vol. 62, No. 12, 2016, pp. 1648 – 1677.

不是呈负相关关系。研究结果支持了赫希的社会控制理论，但是犯罪的一般理论没有得到支持，发现该理论无法预测中国青少年的物质滥用行为和犯罪行为。[①] Cheung 等学者（2008）使用自我控制的态度量表（包括 10 个问题），通过对 1015 名中国香港 14—19 岁青少年（包括 463 名男生和 552 名女生）进行问卷调查，发现在双变量分析中，自我控制水平与一般犯罪行为、财产犯罪行为、暴力犯罪行为、总的犯罪行为均存在显著相关关系，但是将社会联结、与违法同伴交往、对犯罪的定义、被父母和老师贴上不好的标签、紧张等变量纳入模型之后，自我控制水平不再是上述犯罪行为的显著影响因素，而与违法同伴交往、对犯罪的定义始终是上述犯罪行为的显著影响因素，其中与违法同伴交往对犯罪行为的影响最大。[②]

二　与违法同伴交往影响犯罪行为的研究

（一）社会学习理论

美国著名社会学家和犯罪学家埃德温·哈丁·萨瑟兰于 1939 年在《犯罪学原理》一书中明确提出了差别接触理论（Differential Association Theory）（也称为不同交往理论），在世界犯罪学领域产生了重大影响，成为"美国犯罪学中最流行的原因学说"，曾被赞誉为"最杰出的一般犯罪原因理论"。该理论认为犯罪行为像大多数其他行为一样，是在与他人交往的过程中习得的；学习的内容包括实施犯罪的技术、动机、内驱力、合理化和态度；对犯罪行为的学习主要发生在亲密的个体之间；动机和内驱力的特定方向是从赞同或不赞同法典的解释中习得的；一个人之所以成为犯罪人是因为赞同犯罪的解释超过了不赞同犯罪的解释；差别接触可能会在频率、持续时间、优先

---

① Wang G. T., Qiao H., Hong S., et al., "Adolescent Social Bond, Self-control and Deviant Behavior in China", *International Journal of Contemporary Sociology*, Vol. 39, No. 1, 2002, pp. 52 – 68.

② Cheung N. W. T., Cheung Y. W., "Self-control, Social Factors, and Delinquency: A Test of The General Theory of Crime Among Adolescents in Hong Kong", *Journal of Youth & Adolescence*, Vol. 37, No. 4, 2008, pp. 412 – 430.

性、强度方面有所不同，如果这些接触是高频率的、持续的、发生在生命的早期、个人高度重视对方的观点和友谊，那么这种接触可能会对他的看法产生重要的影响；通过与犯罪榜样和反犯罪榜样的交往来学习犯罪行为的过程，涉及在任何其他学习中涉及的全部机制；尽管犯罪行为是一般需要和价值的表现，但是不能用一般需要和价值来解释，因为非犯罪行为也是同样的需要和价值的表现。[①] 该理论可以解释大多数犯罪行为，而不仅局限于某几类犯罪行为。但是萨瑟兰对于如何学习犯罪的具体过程，只是略微提及"直接模仿"，没有对学习的具体内容和详细过程进行深入的讨论和研究。[②]

之后的一些学者对差别接触理论不断进行阐释和发扬光大。其中，罗伯特·伯吉斯和罗纳德·艾克斯的贡献最为突出，在其 1966 年发表的《犯罪行为的差别接触增强理论》一文中提出了差别接触增强理论（differential association-reinforcement theory），其中保留了大部分差别接触理论的命题，同时还加入了心理学的操作行为理论（operant behavior theory），弥补和充实了有关"学习机制"的内容，详细阐述了犯罪学习必经的差别增强阶段、精熟阶段、持续阶段、停止阶段，理论的适用范围更加广泛，并且可以运用实证的研究方法对其进行检验。此后，艾克斯和他的研究团队不断对其进行修正和完善，并作了大量的实证研究加以检验，最后将其重新命名为"社会学习理论"（social learning theory）。[③]

该理论作为一个通用理论，强调"行为来自认知、行为、环境等因素之间的因果互动关系"[④]，认为人们是在与那些提供负面行为榜样、有利于犯罪的定义、正向强化犯罪行为的重要群体相互交往的过程中习得的犯罪行为。理论包括四个重要的概念：差别接触、定义、模仿和差别增强。首先，差别接触指与他人互动的类型，包括对

① 吴宗宪：《西方犯罪学史》，中国人民公安大学出版社 2010 年版，第 923—924 页。
② 江山河：《犯罪学理论》，格致出版社 2008 年版，第 65—66 页。
③ Siegel Larry J. ed., *Criminology* (Tenth Edition), Thomson Higher Education, 2012, p. 206.
④ 曹立群、周愫娴：《犯罪学理论与实证》，群众出版社 2007 年版，第 144 页。

违法行为持支持和反对态度或定义的各种群体。在这些群体中，家庭和朋友的影响最大。在差别接触中，交往越重要，持续时间越长，发生频率越高，关系越密切，对行为的影响就越大。其次，定义指个体对犯罪行为是否违法所持有的态度和信念。个体对某一行为持否定态度越强烈，实施该行为的可能性越小。再次，模仿指个体与亲密榜样（包括家庭和亲密朋友）接触后，模仿其行为的程度。最后，差别增强是实施某一行为的成本和收益。一个人因为实施犯罪行为得到了奖励，他可能会继续实施犯罪行为。①

（二）社会学习变量的测量

虽然社会学习理论包括四个重要的概念，即差别接触、定义、模仿和差别增强，但是艾克斯认为差别接触为社会学习提供了邻近性和环境，所以它是该理论最重要的概念，也是该理论的关键变量。以往大量的实证研究支持了上述观点，发现差别接触（即与违法同伴交往）是所有社会学习变量中与犯罪行为关系最强的变量，与违法同伴交往的人，更可能实施犯罪行为。②③ 目前，与违法同伴交往的测量方式主要有两种，一种是间接的测量方式，问受访者对亲密朋友实施犯罪行为的看法，如让受访者报告他的朋友实施犯罪行为的数量，或报告朋友中实施某一类犯罪行为的比例，或是结识成年犯罪人的数量。④ 由于该测量方式可以快速获取信息、成本低廉、操作方便，所以最为常用，但也受到一些学者的批判，例如，戈特弗里德森和赫希

---

① Travis C. Pratt，Francis T. Cullen，Christine S. Sellers，et al.，"The Empirical Status of Social Learning Theory：A Meta-analysis"，*Justice Quarterly*，Vol. 27，No. 6，2010，pp. 765 – 802.

② ［美］斯蒂芬·E. 巴坎：《犯罪学：社会学的理解》（第四版），秦晨等译，上海人民出版社 2011 年版，第 228—233 页。

③ Messner S. F.，Liu J.，Zhao Y.，"Predicting Re-incarceration Status of Prisoners in Contemporary China：App. lying Western Criminological Theories"，*International Journal of Offender Therapy and Comparative Criminology*，Vol. 62，No. 4，2016，pp. 1018 – 1042.

④ Macdonald P. T.，"Competing Theoretical Explanations of Cocaine Use：Differential Association Versus Control Theory"，*Journal of Contemporary Criminal Justice*，Vol. 5，No. 2，1989，pp. 73 – 88.

认为该测量方式依赖于受访者对朋友实施犯罪行为的主观评价，受访者在回答该问题时可能会将自己的行为归到朋友身上，导致与违法同伴交往的测量结果与受访者自我报告犯罪行为的结果一样，存在一定的偏差，人为放大了与违法同伴交往和犯罪行为之间的关系。① 另一种是直接的测量方式，让受访者报出朋友的姓名，调查人员随后找到他们，让他们自己报告犯罪行为，该技术也被称为"社会网络分析法"。② 虽然该测量方式更加直接，测量结果可能也更加准确，但由于实际操作起来难度较大，所以在犯罪学领域里不太常用。总的来说，尽管间接的测量方式存在一些争议，但仍是最常用的一种测量方式。

（三）相关实证研究

1. 基于国外样本的相关研究

国外学者以不同群体为调查对象，采用不同的测量方式，对与违法同伴交往等社会学习变量与犯罪行为的关系进行了大量的实证研究。多数研究发现与违法同伴交往具有极强的犯因性影响，与违法同伴交往的个体，实施了更多的犯罪行为，有力地支持了社会学习理论的核心观点。Macdonald（1989）通过对 1517 名美国加利福尼亚大学在校生及他们的朋友或亲属进行问卷调查，使用亲密朋友中有多少人使用可卡因来测量与违法同伴交往，发现与违法同伴交往对可卡因使用行为具有相当强的解释力。③ Fergusson 等学者（2002）使用 1265 名新西兰同期群的纵向调查数据，考察与违法同伴交往对财产犯罪行

① Meldrum Ryan C. , Young Jacob T. N. , Weerman Frank M. , "Reconsidering the Effect of Self-control and Delinquent Peers: Implications of Measurement for Theoretical Significance", *Journal of Research in Crime & Delinquency*, Vol. 46, No. 3, 2009, pp. 353 – 376.

② Meldrum Ryan C. , Young Jacob T. N. , Weerman Frank M. , "Reconsidering the Effect of Self-control and Delinquent Peers: Implications of Measurement for Theoretical Significance", *Journal of Research in Crime & Delinquency*, Vol. 46, No. 3, 2009, pp. 353 – 376.

③ Macdonald P. T. , "Competing Theoretical Explanations of Cocaine Use: Differential Association Versus Control Theory", *Journal of Contemporary Criminal Justice*, Vol. 5, No. 2, 1989, pp. 73 – 88.

为、暴力犯罪行为、酒精使用/依赖、大麻滥用/依赖、尼古丁依赖的影响，发现与违法同伴交往和上述所有因变量都存在显著相关关系；控制了负面生活事件、失业、离开学校的时间、离家等变量之后，与违法同伴交往和上述所有因变量的相关程度虽有所降低，但仍与所有因变量都存在显著相关关系。[①] Le 等学者（2005）通过对美国加利福尼亚两所初高中学校里 329 名来自柬埔寨、中国、老挝、越南的中学生进行问卷调查，考察与社会控制理论和社会学习理论对犯罪行为的解释力，发现与违法同伴交往对犯罪行为的影响最大。[②] Piquero 等学者（2005）使用近 1600 名美国南卡罗莱纳州中学生的纵向调查数据，考察性别、与违法同伴交往对犯罪行为的影响，发现与违法同伴交往是犯罪行为的一个重要影响因素，但是与违法同伴交往对犯罪行为的影响存在性别差异，与女生相比，与违法同伴交往对男生犯罪行为的影响更大。[③] Church 等学者（2009）使用美国青少年纵向调查数据（包括 1725 名美国青少年），使用间接的测量方式来测量与违法同伴交往，考察家庭凝聚力、家庭压力、青少年对非家庭关系重要性的看法、青少年对自我形象的看法、与违法同伴交往对犯罪行为的影响，路径分析的结果表明与违法同伴交往对犯罪行为的影响最大。[④] Meldrum 等学者（2009）使用荷兰青少年纵向调查数据，同时使用直接的测量方式和间接的测量方式来测量与违法同伴交往，发现无论使

---

① Fergusson D. M., Swain-Campbell N. R., Horwood L. J., "Deviant Peer Affiliations, Crime and Substance Use: A Fixed Effects Regression Analysis", *Journal of Abnormal Child Psychology*, Vol. 30, No. 4, 2002, pp. 419 – 430.

② Le Thao N., Monfared Golnoush, Stockdale Gary D., "The Relationship of School, Parent, and Peer Contextual Factors with Self-reported Delinquency for Chinese, Cambodian, Laotian or Mien, and Vietnamese Youth", *Crime and Delinquency*, Vol. 51, No. 2, 2005, pp. 192 – 219.

③ Piquero Nicole Leeper, Gover Angela R., MacDonald John M., Piquero Alex R., "The Influence of Delinquent Peers on Delinquency: Does Gender Matter?", *Youth & Society*, Vol. 36, No. 3, 2005, pp. 251 – 275.

④ Church II Wesley T., Wharton Tracy, Taylor Julie K., "An Examination of Differential Association and Social Control Theory: Family Systems and Delinquency", *Violence and Juvenile Justice*, Vol. 7, No1, 2009, pp. 3 – 15.

用哪一种测量方式，无论使用横断面数据还是纵向数据，与违法同伴交往始终都是犯罪行为的显著影响因素。[1] Iv 和 Gibson（2011）同时使用 Grasmick 等学者编制的自我控制态度量表和 Marcus 编制的自我控制回顾性行为量表的简化版，同时使用间接的测量方式和直接的测量方式来测量违法同伴交往，通过对 796 对朋友（均为在校大学生）进行问卷调查，发现无论采取哪一种方式来测量与违法同伴交往，与违法同伴交往、自我控制水平都与犯罪行为都存在显著相关关系。[2] Meneses 和 Akers（2011）通过对 367 名美国大学生和 420 名玻利维亚大学生进行调查，发现一般紧张理论、社会控制理论、犯罪的一般理论、社会学习理论都可以解释美国和玻利维亚大学生大麻使用行为的部分变异量，但是与社会控制理论、犯罪的一般理论、一般紧张理论相比，社会学习理论对两组人群大麻使用行为的解释力更强，与违法同伴交往是大麻使用行为的显著影响因素。[3] Zhang 等学者（2012）使用 1743 名美国南卡罗来纳州哥伦比亚市高中生连续 3 年的纵向调查数据，发现与违法同伴交往、与同伴在一起的时间对犯罪行为具有显著影响，结交违法同伴的数量越多，与朋友一起在非结构化、无人监督的活动中度过的时间越多的受访者，实施了越多的犯罪行为。此外，性别、之前的逮捕经历等变量对犯罪行为也具有显著影响。[4] Yarbrough 等学者（2012）通过对 1674 名佛罗里达中学生进行问卷调查，考察来自社会学习理论的三个变量（即与违法同伴交往、对犯

---

① Meldrum Ryan C., Young Jacob T. N., Weerman Frank M., "Reconsidering the Effect of Self-control and Delinquent Peers: Implications of Measurement for Theoretical Significance", *Journal of Research in Crime & Delinquency*, Vol. 46, No. 3, 2009, pp. 353 – 376.

② Iv J. H. B., Gibson C. L., "Does the Measurement of Peer Deviance Change the Relationship between Self-control and Deviant Behavior? An Analysis of Friendship Pairs", *Journal of Criminal Justice*, Vol. 39, No. 6, 2011, pp. 521 – 530.

③ Meneses Rohald Ardwan, Akers Ronald L., "A Comparison of Four General Theories of Crime and Deviance: Marijuana Use Among American and Bolivian University Students", *International Criminal Justice Review*, Vol. 21, No. 4, 2011, pp. 333 – 352.

④ Zhang Yan, Day George, Cao Liqun, "A Partial Test of Agnew's General Theory of Crime and Delinquency", *Crime & Delinquency*, Vol. 58, No. 6, 2012, pp. 856 – 878.

罪行为的定义、差别增强）对反社会行为的影响是否取决于个体的自我控制水平，发现自我控制水平、与违法同伴交往、对犯罪行为的定义、年龄是反社会行为的显著影响因素，其中与违法同伴交往、对犯罪行为的定义对反社会行为的影响较大，自我控制水平和来自社会学习理论的三个关键变量均独立与反社会行为相关，可以解释反社会行为的部分变异量，没有证据表明自我控制水平在社会学习理论的三个关键变量对反社会行为的影响中发挥了调节作用。[①] Hirtenlehner 等学者（2015）使用 Grasmick 等学者编制的自我控制态度量表的简化版，通过对澳大利亚、比利时、斯洛文尼亚三个国家的青少年进行问卷调查，考察与违法同伴交往对犯罪行为的影响是否取决于青少年的自我控制水平，发现自我控制水平、与违法同伴交往是犯罪行为的显著影响因素，与违法同伴交往对自我控制水平低的青少年影响更大。[②] Marotta（2017）使用美国 16046 名监狱服刑人员的调查数据，考察与违法同伴交往和犯罪行为、物质滥用行为、注射毒品行为的关系，发现控制了被捕前处于失业状态、文化程度、年龄、性别、种族、民族等变量之后，与违法同伴交往和酒精使用行为、非法毒品使用行为、物质依赖、酒精依赖、物质滥用的类型、注射毒品行为呈显著相关关系。[③] Sabia 等学者（2017）使用 2091 名美国青少年调查数据，考察自我控制水平、家庭联结、学校气氛、社区解组程度、与违法同伴交往对移民青少年和美国当地青少年犯罪行为的影响，发现与违法同伴交往是美国当地青少年和第二代移民青少年犯罪行为的显著

---

① Yarbrough A., Jones S., Sullivan C., et al., "Social Learning and Self-control: Assessing the Moderating Potential of Criminal Propensity", *International Journal of Offender Therapy & Comparative Criminology*, Vol. 56, No. 2, 2012, pp. 191–202.

② Hirtenlehner H., Pauwels L., Mesko G., "Is the Criminogenic Effect of Exposure to Peer Delinquency Dependent on the Ability to Exercise Self-control? Results from Three Countries", *Journal of Criminal Justice*, Vol. 43, No. 6, 2015, pp. 532–543.

③ Marotta Phillip, "Exploring Relationships Between Delinquent Peer Groups, Participation in Delinquency, Substance Abuse, and Injecting Drug Use Among the Incarcerated: Findings from a National Sample of State and Federal Inmates in the United States", *Journal of Drug Issues*, Vol. 47, No. 3, 2017, pp. 320–339.

影响因素，但不是第一代移民青少年犯罪行为的显著影响因素。[①]

2. 基于中国样本的相关研究

以往在中国背景下，考察与违法同伴交往等社会学习变量影响犯罪行为的实证研究相对较少，绝大多数研究发现与违法同伴交往具有极强的犯因性影响，结交越多违法同伴的个体，实施了越多犯罪行为，有力地支持了社会学习理论的核心观点，证实该理论可以跨越文化和国别的界限，适用于中国。王素华、陈杰、李新影（2013）通过对 1302 对北京 18 个区县的青少年双生子进行问卷调查，考察与不良同伴交往对自身问题行为的影响，以及性别和年龄在与不良同伴交往对自身问题行为的影响中是否发挥了调节作用，发现性别、年龄、与不良同伴交往和青少年自身问题行为之间存在显著相关关系，进一步分析发现年龄、性别在与不良同伴交往对自身问题行为的影响中发挥了调节作用，与不良同伴交往对青少年自身问题行为的影响存在性别和年龄差异。[②] 侯珂等学者（2017）通过对 2188 名河南省郑州市 2 个区县初一学生及家长进行问卷调查，考察邻里环境指标、父母监控、与不良同伴交往影响青少年问题行为的路径，发现与不良同伴交往和青少年问题行为之间存在显著相关关系；邻里犯罪直接影响青少年问题行为，同时邻里犯罪、邻里凝聚与混乱还通过父母监控、与不良同伴交往间接影响青少年问题行为；父母监控和与不良同伴交往的交互作用对青少年问题行为具有显著影响。[③] Wong（2001）通过对 32 名香港和广州的男性青少年犯与 31 名未犯罪的青少年（没有犯罪记录的中学生）进行深入访谈，试图整合紧张理论、社会控制理论、差别接触理论和标签理论来解释犯罪行为，发现两个地区的青少年开始越轨行为和越轨行为增多都与结交违法同伴呈正相关关系，研究结

---

① Sabia Margaret, Hickman Gregory, Barkley William, "Predicting Delinquency through Psychosocial and Environmental Variables among Immigrant and Native-Born Adolescents", *SSRN Electronic Journal*, Vol. 2, No. 40, July 2017, pp. 1 – 35.

② 王素华、陈杰、李新影：《交往不良同伴对青少年自身问题行为的影响：性别和年龄的调节作用》，《中国临床心理学杂志》2013 年第 2 期。

③ 侯珂、张云运、骆方、任萍：《邻里环境、父母监控和不良同伴交往对青少年问题行为的影响》，《心理发展与教育》2017 年第 1 期。

论支持了社会学习理论中有关差别接触的概念，部分支持了紧张理论的核心观点，社会压力和经济压力仅与广州青少年越轨行为存在显著相关关系，与香港青少年越轨行为不存在显著相关关系。① Cheung（1997）通过对 1139 名中国香港中学生进行调查，考察家庭变量、学校变量、同伴变量、媒体变量对青少年越轨行为的影响，发现与违法同伴交往、对同伴的越轨行为持不赞成态度、使用媒体的频率、喜欢暴力/淫秽内容、模仿媒体上的行为、父母的犯罪行为、老师的负面评价可以解释青少年越轨行为的大部分变异量，研究结论有力地支持了社会学习理论的核心观点。② Davis、Tang、Ko（2004）通过对398 名高风险中国香港青少年（从房屋委员会、缓刑办公室、社会工作小组提供的名单中随机抽取）和 320 名中国内地初中生进行问卷调查，考察同伴和家庭的负面影响（即家庭成员和好朋友是否有吸毒行为和犯罪行为）、与父母的关系、家庭暴力、学校环境对学校里不良行为、不当行为、犯罪行为的影响，发现同伴的负面影响、积极的学校环境、与父母的关系、家庭的负面影响、家庭暴力是学校里不良行为的显著影响因素，性别、同伴的负面影响、积极的学校环境、与父母的关系、家庭的负面影响是不当行为的显著影响因素，同伴的负面影响、家庭暴力、与父母的关系、家庭的负面影响、积极的学校环境是犯罪行为的显著影响因素。③ Zhang 等学者（2016）通过对358 名中国男性未成年犯进行调查，发现与违法同伴交往既对毒品犯罪行为产生直接影响，又通过加入犯罪团伙变量对毒品犯罪行为产生间接影响；与违法同伴交往对暴力犯罪行为不存在直接影响，但通过加入犯罪团伙对暴力犯罪行为产生间接影响；与违法同伴交往对财产

① Dennis S. W. Wong, "Pathways to Delinquency in Hong Kong and Guangzhou（South China）", *International Journal of Adolescence & Youth*, Vol. 10, No. 1 – 2, 2001, pp. 91 – 115.

② Cheung Yuet W., "Family, School, Peer, and Media Predictors of Adolescent Deviant Behavior in Hong Kong", *Journal of Youth & Adolescence*, Vol. 26, No. 5, 1997, pp. 569 – 596.

③ Davis C., Tang C., Ko J., "The Impact of Peer, Family and School on Delinquency: A Study of at-risk Chinese Adolescents in Hong Kong", *International Social Work*, Vol. 47, No. 4, 2004, pp. 489 – 502.

犯罪行为既不存在直接影响，也不存在间接影响。①

仅有极少数研究得出了不同的研究结论，例如，Ngai 和 Cheung（2005）通过对 229 名中国香港边缘青少年进行问卷调查，考察社会控制变量、社会学习变量、紧张变量、认知发展变量与边缘青少年犯罪行为的关系，零阶相关分析结果表明总的社会学习变量、从违法同伴那里学习、朋友对犯罪行为持不赞成态度、对犯罪收益的看法与边缘青少年犯罪行为的发生率存在显著相关关系，但回归分析结果表明总的社会学习变量并不是犯罪行为的显著影响因素，也就是说从违法同伴那里学习、朋友对犯罪行为持不赞成的态度、对犯罪收益的看法对青少年实施犯罪行为不具有显著影响。②

三 紧张影响犯罪行为的研究

（一）一般紧张理论

紧张理论的建立和发展在社会学和犯罪学领域已有很长一段历史，其渊源可以追溯到法国社会学家爱米尔·迪尔凯姆。迪尔凯姆最早使用失范（anomie）这一概念来表示社会的无规范或缺乏规范的状态，即社会结构内部相互交错、相互影响所形成的不平衡、不统一的混乱状态，认为现代社会中的无规范或缺乏规范的状态，导致社会越轨行为和自杀现象增多。③ 虽然有学者认为迪尔凯姆仅提出了一个概念，不是一个完整的理论，但毋庸置疑，迪尔凯姆有关失范影响自杀的论述为后来失范理论的建立奠定了基础。④

美国社会学家罗伯特·默顿在迪尔凯姆的基础上，于 1938 年提出了著名的失范理论（Theory of Anomie），该理论成为 20 世纪最重

---

① Zhang Hongwei，Zhao Jihong Solomen，Ren Ling，Zhao Ruohui，"Subculture，Gang Involvement，and Delinquency：A Study of Incarcerated Youth in China"，*Justice Quarterly*，Vol. 34，No. 6，2016，pp. 952 – 977.

② Ngai Ngan Pun，Cheung Chau Kiu，"Predictors of the Likelihood of Delinquency：A Study of Marginal Youth in Hong Kong，China"，*Youth & Society*，Vol. 36，No. 4，2005，pp. 445 – 470.

③ 参见曹立群、周愫娴《犯罪学理论与实证》，群众出版社 2007 年版，第 118 页。

④ Lin Wen-Hsu，"General Strain Theory and Juvenile Delinquency：A Cross-Cultural Study"，Ph. D. dissertation，University of South Florida，2011.

要的犯罪学理论之一。默顿将失范概念化为美国文化结构与社会结构之间的不平衡,文化强调的价值与追求此价值的合法手段脱离,[①] 当个体无法利用制度性手段达到文化上确立的传统目标时,个体会体验到心理压力或失范性紧张,会采取一定的社会适应方式来缓解紧张。社会适应方式包括遵从、创新、形式主义、退却主义、造反。默顿将除遵从之外的适应方式都视为越轨,但并非都会引起犯罪行为。[②] 个体选择何种适应方式主要取决于他的社会地位、居住的社区、愿意承担的风险、对物质成功的投入。该理论通常被用于解释工具性犯罪,即以犯罪的手段来达到其他目的,如获取财富。一些犯罪学家批判该理论在解释犯罪时,完全依赖于结构和文化因素,忽视了个体层面的因素,并且其在解释犯罪行为和越轨行为的范围、动机、机制以及测量方式上也存在一定的局限性。[③]

美国当代社会学家和犯罪学家罗伯特·阿格纽对失范理论进行了修订和扩展,在 1992 年发表的《犯罪和少年犯罪的一般理论的基础》一文中,提出了一般紧张理论(General Strain Theory,GST)。[④] 该理论成为当前最流行且最具竞争力的犯罪学理论。与传统的紧张理论不同,一般紧张理论从一个微观的和社会—心理的视角,来解释个体犯罪行为的发生机制,认为人们实施犯罪是因为他们经历了某种紧张和压力,包括:(1)无法实现积极而有价值的目标造成的紧张,如金钱和地位;(2)失去个人看重的刺激物造成的紧张,如失去双亲;(3)遇到消极刺激物造成的紧张,如情感和身体虐待、犯罪被害、受到歧视。紧张导致愤怒、沮丧、抑郁等负面情绪。当负面情绪产生时,个体必须设法调适,降低心理负荷,有时就会采取社会不能

---

① 参见曹立群、周愫娴《犯罪学理论与实证》,群众出版社 2007 年版,第 118 页。

② 参见吴宗宪《西方犯罪学史》,中国人民公安大学出版社 2010 年版,第 1037—1039 页。

③ Bao Wanning, "Book Review:Agnew, R. (2006), Pressured Into Crime:An Overview of General Strain Theory, Los Angeles:Roxbury. v, 238 pp.", *International Criminal Justice Review*, Vol. 18, No. 4, 2008, pp. 473 – 474.

④ 参见吴宗宪《西方犯罪学史》,中国人民公安大学出版社 2010 年版,第 1037—1060 页。

接受的方式，即越轨和犯罪，来缓解这些负面情绪和/或紧张。① 当他们缺乏以合法手段来应对紧张的资源，犯罪成本较低而犯罪收益较高时，他们更倾向于以犯罪的方式来应对紧张。②

阿格纽认为并不是所有的紧张都会增加犯罪的可能性，容易增加犯罪可能性的紧张往往是高强度的、被视为不公、与低的社会控制联系在一起，产生一定的压力或刺激促使个体采取犯罪的方式来应对紧张。因为具有上述特征的紧张更可能引发负面情绪，降低其以合法的方式来应对紧张的能力，降低犯罪成本，增加犯罪倾向，所以特别容易导致犯罪。主要包括受到父母的排斥；不稳定的、非常严格的、过度的和/或严厉的家教和学校惩戒；儿童期受到忽视与虐待；消极的上学经历（如成绩差、与老师关系不好、认为上学很枯燥、浪费时间）；受到同伴的虐待（包括言语虐待和身体虐待）；受雇于二级劳动力市场（如工作不愉快、报酬低、不太有威望、福利待遇低、升职机会有限、自主性低）；归咎于他人的长期失业；婚姻问题（如经常发生冲突、遭到言语虐待和身体虐待）；犯罪被害；居住在贫困社区，长期受到犯罪和不文明现象的困扰；经济问题，如不能支付账单，为了筹钱变卖财物；无家可归，包括缺少足够的食物和住所；来自种族、性别、年龄、地区、宗教等方面的歧视；不能实现某些目标（如刺激/兴奋、自主、男性地位、短期内对金钱的渴望）。③

（二）相关实证研究

1. 基于外国样本的相关研究

多数基于外国样本的实证研究都发现紧张是犯罪行为的重要影响因素，有力地支持了一般紧张理论的核心观点。

Agnew 和 White（1992）使用 1380 名美国新泽西青少年的调查数

---

① 参见曹立群、周愫娴《犯罪学理论与实证》，群众出版社 2007 年版，第 124—125 页。

② Agnew R., "Using General Strain Theory to Explain Crime in Asian Societies", *Asian Journal of Criminology*, Vol. 10, No. 2, 2015, pp. 131–147.

③ Agnew R., "Using General Strain Theory to Explain Crime in Asian Societies", *Asian Journal of Criminology*, Vol. 10, No. 2, 2015, pp. 131–147.

据，考察负面生活事件、生活中的麻烦、与成年人的负面关系、父母争吵打架、社区问题、不受异性欢迎、就业压力、服饰压力等紧张事件和情形与犯罪行为和毒品使用行为的关系，发现同时将社会控制理论和差别接触理论的关键变量纳入模型后，负面生活事件、生活中的麻烦、与成年人的负面关系、父母争吵打架是犯罪行为的显著影响因素；负面生活事件、生活中的麻烦、父母争吵打架、社区问题是毒品使用行为的显著影响因素。[1]

Slocum 等学者（2005）使用 271 名美国巴尔的摩女性服刑人员 36 个月的回顾性调查数据，考察紧张（不利的社区环境、应激性生活事件、遭受暴力犯罪侵害以及上述三种紧张的总和）与毒品使用行为、财产犯罪行为和暴力犯罪行为的关系，发现不同类型的紧张导致不同类型的犯罪行为，经历过更多应激性生活事件、遭受过更多犯罪侵害的受访者更可能实施暴力犯罪行为，但不利的社区环境与暴力犯罪行为之间不存在显著相关关系；居住在更加不利的社区、经历过更多应激性生活事件的受访者，更可能实施财产犯罪行为和毒品使用行为，但暴力犯罪被害经历与财产犯罪行为和毒品使用行为都不存在显著相关关系。[2]

Morash 和 Moon（2007）使用 385 名韩国中学生的调查数据，考察负面生活事件、受到父母情感和身体上的虐待、受到老师情感和身体上的虐待、学习压力、经济压力等紧张事件和情形对暴力犯罪行为和身份犯罪行为的影响，以及与父母的亲密关系、与老师的亲密关系、自尊、对学校的依恋、受到父母的监督、与违法同伴交往等变量在上述紧张变量对犯罪行为的影响中是否发挥了调节作用，发现不同性别的受访者在受到老师情感和身体虐待、与考试相关的紧张、与违法同伴交往、暴力犯罪行为上存在显著差异；受到老师情感和身体虐

① Agnew R., White H. R., "An Empirical Test of General Strain Theory", *Criminology*, Vol. 30, No. 4, 1992, pp. 475 – 500.

② Slocum L. A., Simpson S. S., Smith D. A., "Strained Lives and Crime: Examining Intra-Individual Variation in Strain and Offending in a Sample of Incarcerated Women", *Criminology*, Vol. 43, No. 4, 2005, pp. 1067 – 1110.

待是男性暴力犯罪行为的显著影响因素，受到父母情感和身体虐待、受到老师情感和身体虐待、经济压力是女性暴力犯罪行为的显著影响因素；负面生活事件、受到父母情感和身体虐待、受到老师情感和身体虐待、学习成绩是女性身份犯罪行为的显著影响因素。①

Moon 等学者（2008）通过对 777 名韩国青少年进行问卷调查，考察近来经历的紧张、过去经历的紧张、慢性紧张和认为不公平的紧张对犯罪行为的影响，紧张包括家庭冲突、受到父母的惩罚、受到老师的惩罚、经济压力、与考试相关的紧张、受到欺凌、被害经历，发现近来受到老师的惩罚、过去受到老师的惩罚、近来遭受犯罪的侵害、过去遭受犯罪的侵害与犯罪行为呈正相关关系，但是与阿格纽的观点不同，受到父母的惩罚造成的慢性紧张、受到欺凌造成的慢性紧张与犯罪行为呈负相关关系。此外，与违法同伴交往始终都是犯罪行为的显著影响因素。②

Moon 等学者（2009）通过对 659 名韩国青少年进行两次纵向调查，考察紧张（包括家庭冲突、受到父母的惩罚、受到老师的惩罚、经济压力、学习压力、受到欺凌、性别歧视、被害经历）、基于情境的负面情绪、基于特质的负面情绪、调节变量与暴力犯罪行为、财产犯罪行为、身份犯罪行为的关系，发现大多数紧张变量以及紧张变量与调节变量的交互作用对各类犯罪行为具有显著影响，支持了一般紧张理论的核心观点。③

Eitle 等学者（2013）使用全国青少年健康纵向调查数据，考察紧张（包括被害经历、负面生活事件、学习压力、基于学校的紧张）

① Morash M. , Moon B. , "Gender Differences in the Effects of Strain on the Delinquency of South Korean Youth", *Youth & Society*, Vol. 38, No. 3, 2007, pp. 300 – 321.

② Moon B. , Blurton D. , Mccluskey J. D. , "General Strain Theory and Delinquency: Focusing on the Influences of Key Strain Characteristics on Delinquency", *Crime & Delinquency*, Vol. 54, No. 4, 2008, pp. 582 – 613.

③ Moon B. , Morash M. , Mccluskey C. P. , et al. , "A Comprehensive Test of General Strain Theory: Key Strains, Situational and Trait-based Negative Emotions, Conditioning Factors, and Delinquency", *Journal of Research in Crime & Delinquency*, Vol. 46, No. 2, 2009, pp. 182 – 212.

对美国印第安青少年暴力犯罪行为、财产犯罪行为、总的犯罪行为的影响，负二项回归分析结果表明被害经历、负面生活事件、抑郁症状是暴力犯罪行为的显著影响因素；负面生活事件、抑郁症状是总的犯罪行为的显著影响因素。[①]

Moon 和 Morash（2014）通过对 659 名韩国青少年进行问卷调查，考察紧张（包括家庭冲突、受到父母情感和躯体的惩罚、受到老师情感和躯体的惩罚、学习压力、经济压力、性别歧视、被害经历）对不同性别青少年暴力犯罪行为、财产犯罪行为、身份犯罪行为的影响，发现不同性别青少年经历的紧张类型有所不同，男孩比女孩更有可能受到老师情感和躯体的惩罚、遭受犯罪的侵害，女孩比男孩更可能经历家庭冲突；家庭冲突是男性暴力犯罪行为和身份犯罪行为的显著影响因素，受到父母情感和躯体的惩罚是男性财产犯罪行为的显著影响因素，考试压力是男性暴力犯罪行为的显著影响因素，经济压力是女性身份犯罪行为的显著影响因素，性别歧视是女性暴力犯罪行为的显著影响因素。[②]

2. 基于中国样本的相关研究

有关紧张影响犯罪行为的研究大多是在西方国家，尤其是在美国进行的，基于中国样本进行的研究相对较少，有限的研究几乎都发现紧张是犯罪行为的显著影响因素，经历了越高强度紧张的个体，实施了越多的犯罪行为，支持了一般紧张理论的核心观点。

Cheung 等学者（2007）通过对 1026 名广州中学生和 1116 名中国香港中学生进行问卷调查，考察父母带来的困扰、兄弟姐妹带来的困扰、家庭问题、不利的居住环境等紧张事件与情形对暴力犯罪行为和身份犯罪行为的影响，发现父母带来的困扰是上述两组人群暴力犯罪行为和身份犯罪行为的显著影响因素，家庭问题仅是广州中学生身

---

① Eitle D., Eitle T. M., "General Strain Theory and Delinquency: Extending a Popular Explanation to American Indian Youth", *Youth & Society*, Vol. 48, No. 4, 2013, pp. 470 – 495.

② Moon B., Morash M., "Gender and General Strain Theory: A Comparison of Strains, Mediating, and Moderating Effects Explaining Three Types of Delinquency", *Youth & Society*, Vol. 5, No. 1, 2014, pp. 1 – 12.

份犯罪行为的显著影响因素，不利的居住环境对上述两组人群暴力和身份犯罪行为都不存在显著影响。[①]

Lin 和 Mieczkowski（2011）使用 1150 名中国台湾 13—17 岁青少年的调查数据，考察主观的紧张（对每一种紧张的主观评价）是否比客观的紧张（包括应激性生活事件、受到父母的排斥和/或忽视造成的紧张、受到老师的排斥和/或忽视造成的紧张、被害经历）与犯罪行为的相关程度更高，以及自尊、自我控制、道德信念、与违法同伴交往等变量是否在紧张对犯罪行为的影响中发挥了调节作用，发现紧张与犯罪行为呈正相关关系，一些紧张是犯因性的，例如，受到父母的排斥与忽视、受到老师的排斥与忽视、被害经历，但是主观的紧张和客观的紧张在对犯罪行为的解释力上并不存在差异，也就是说无论是以客观的方式来测量紧张，还是以主观的方式来测量紧张，紧张对犯罪行为都具有显著影响。[②]

Lin（2011）使用 1516 名美国佛罗里达初高中学生和 1717 名中国台湾初高中学生调查数据进行跨文化研究，考察四类紧张（包括期望的结果和实际的结果相分离、不公平的结果、负面生活事件、被害经历）、负面情绪（愤怒、沮丧）对故意损坏财物行为、故意伤害他人行为、饮酒行为、侵犯兄弟姐妹行为的影响，发现对美国青少年来说，负面生活事件是故意毁坏财物行为、故意伤害他人行为、饮酒行为的显著影响因素，被害经历是故意损坏财物行为、故意伤害他人行为、饮酒行为、侵犯兄弟姐妹行为的显著影响因素，不公平的紧张是故意伤害他人行为和侵犯兄弟姐妹行为的显著影响因素，期望的结果和实际的结果相分离造成的紧张对上述四种犯罪行为都不存在显著影响；对中国台湾青少年来说，期望的结果和实际的结果相分离造成

---

① Cheung C. K., Ngai N. P., Ngai S. Y., "Family Strain and Adolescent Delinquency in Two Chinese Cities, Guangzhou and Hong Kong", *Journal of Child & Family Studies*, Vol. 16, No. 5, 2007, pp. 626 – 641.

② Lin W. H., Mieczkowski T., "Subjective Strains, Conditioning Factors, and Juvenile Delinquency: General Strain Theory in Taiwan", *Asian Journal of Criminology*, Vol. 6, No. 1, 2011, pp. 69 – 87.

的紧张是故意损坏财物、侵犯兄弟姐妹行为的显著影响因素，不公平的紧张是故意损坏财物、故意伤害他人、饮酒行为的显著影响因素，负面生活事件是上述四种犯罪行为的显著影响因素，被害经历是故意损坏财物、故意伤害他人、侵犯兄弟姐妹行为的显著影响因素。[①]

Liu 和 Lin（2007）通过对 1712 名福州中学生进行问卷调查，考察紧张与犯罪行为的关系，以及紧张与犯罪行为的关系是否存在性别差异，紧张包括与地位获得有关的紧张（指学习成绩、读大学的愿望、职业生涯、未来经济状况）、与人际关系有关的紧张（与老师、父母和其他人的人际关系，与同学的关系）、与身体健康和外貌有关的紧张，发现总的紧张水平是犯罪行为的显著影响因素，纳入自我控制、与违法同伴交往、对犯罪行为的态度、人口背景特征等控制变量之后，总的紧张水平仍是犯罪行为的显著影响因素。考察特定类型的紧张与犯罪行为的关系时，发现三类紧张中仅有与地位获得有关的紧张是犯罪行为的显著影响因素。[②]

Cheung 等学者（2010）通过对 1015 名中国香港中学生进行问卷调查，考察自我控制水平在紧张（包括教育目标受阻、专制的教养方式、负面学校经历、与同伴的负面关系、应激性生活事件）与犯罪行为之间是否发挥了调节作用，以及上述调节作用是否存在性别差异，发现专制的教养方式、在学校的负面经历是全部样本犯罪行为的显著影响因素；教育目标受阻、专制型教养方式、在学校的负面经历是男性犯罪行为的显著影响因素；在学校的负面经历是女性犯罪行为的显著影响因素；自我控制水平在紧张与犯罪行为之间发挥的调节作用存在性别差异。[③]

Bao 等学者（2016）通过对 615 名广州和石家庄初高中学生进行

① Lin Wen-Hsu, "General Strain Theory and Juvenile Delinquency: A Cross-Cultural Study", Ph. D. Dissertation, University of South Florida, 2011.

② Liu Ruth X., Lin Wei, "Delinquency Among Chinese Adolescents: Modeling Sources of Frustration and Gender Differences", *Deviant Behavior*, Vol. 28, No. 5, 2007, pp. 409–432.

③ Cheung N. W. T., Cheung Y. W., "Strain, Self-control, and Gender Differences in Delinquency Among Chinese Adolescents: Extending General Strain Theory", *Sociological Perspectives*, Vol. 53, No. 3, 2010, pp. 321–345.

问卷调查，考察紧张（包括受到父母的消极对待、受到老师的消极
对待）、社会控制（包括对父母的依恋、对学校的依恋）、社会学习
对犯罪行为的影响是否因性别、年龄、家庭社会经济地位不同而存在
差异，研究发现受到老师的消极对待仅是女性青少年犯罪行为的显著
影响因素；受到父母的消极对待仅是13—14 岁年龄组和15—16 岁
年龄组青少年犯罪行为的显著影响因素，受到老师的消极对待仅是
15—16 岁年龄组青少年犯罪行为的显著影响因素，受到父母的消极
对待、受到老师的消极对待均不是17—18 岁年龄组青少年犯罪行为
的显著影响因素；受到父母的消极对待仅是家庭经济状况一般的青少
年和家庭经济状况较好的青少年犯罪行为的显著影响因素，受到老师
的消极对待仅是家庭经济状况一般的青少年犯罪行为的显著影响
因素。①

　　Bao 等学者（2007）同样使用上述调查数据，考察社会支持、道
德信念、与违法同伴交往、自我效能感、自尊在人际关系紧张变量
（包括与父母的消极关系、与老师的消极关系、与同伴的消极关系）
对犯罪行为的影响中是否发挥了调节作用，双变量相关分析结果表明
与父母的消极关系、与老师的消极关系与犯罪行为存在显著相关关
系；在21 种可能的交互作用中，9 种交互作用是犯罪行为的显著影
响因素，与老师关系不好的学生在得到学校支持时，不太可能采取犯
罪的方式来应对紧张，家庭支持在与老师的消极关系对犯罪行为的影
响中发挥了调节作用；道德信念在三种人际关系紧张对犯罪行为的影
响中发挥了调节作用；当经历与父母或老师的消极关系的青少年结交
了越多违法同伴时，越可能采取犯罪的方式来应对紧张；自我效能感
有效地调节了与父母的消极关系对犯罪行为的影响。②

① Bao W. N., Haas A., Xie Y., "Life Strain, Social Control, Social Learning, and Delinquency: The Effects of Gender, Age, and Family SES Among Chinese Adolescents", *International Journal of Offender Therapy & Comparative Criminology*, Vol. 60, No. 12, 2016, pp. 1446 – 1469.

② Bao W. N., Haas A., Pi Y., "Life Strain, Coping, and Delinquency in the People's Republic of China: An Empirical Test of General Strain Theory from a Matching Perspective in Social Supp. ort", *International Journal of Offender Therapy & Comparative Criminology*, Vol. 51, No. 1, 2007, pp. 9 – 24.

　　Bao 等学者（2004）同样使用上述调查数据，考察负面情绪（包括愤怒、怨恨、焦虑、抑郁）在人际关系紧张（包括与父母的消极关系、与老师的消极关系、与同伴的消极关系）对暴力犯罪行为、财产犯罪行为、学校里的越轨行为的影响中是否发挥了中介作用，研究发现与父母的消极关系、与老师的消极关系、道德信念、与违法同伴交往是暴力犯罪行为、财产犯罪行为、学校里的越轨行为的显著影响因素，与同伴的消极关系仅是财产犯罪行为的显著影响因素；愤怒在人际关系紧张对暴力犯罪行为的影响中发挥了中介作用，怨恨在人际关系紧张对财产犯罪行为、学校里的越轨行为的影响中发挥了中介作用，焦虑、抑郁在人际关系紧张对学校里的越轨行为的影响中发挥了中介作用。[①]

　　Bao 等学者（2012）同样使用上述调查数据，考察社会控制变量和社会学习变量在重复性紧张（包括受到老师的消极对待、受到父母的消极对待）对犯罪行为的影响中是否发挥了中介作用，路径分析结果表明重复受到老师的消极对待会通过削弱传统的联系和传统的道德信念，以及增加与违法同伴的交往，增加犯罪行为；重复受到父母的消极对待仅通过削弱传统的联系增加犯罪行为。[②]

　　Liu（2016）通过对 589 名福州中学生进行问卷调查，考察紧张对犯罪行为的影响及其性别差异，紧张包括过去 1 年里总的生活事件、之前总的生活事件、具体的生活事件（包括过去 1 年里父母婚姻不稳定和之前父母婚姻不稳定、过去 1 年里家庭负债和之前家庭负债、过去 1 年里自己或家人生病和之前自己或家人生病、过去 1 年里遭遇分手和之前遭遇分手）、受到父母的惩罚、受到父母的排斥、受到同伴的排斥，发现不同性别群体在犯罪行为、之前遭遇分手、受到

---

　　① Bao W. N., Haas A., Pi Y., "Life Strain, Negative Emotions, and Delinquency: An Empirical Test of General Strain Theory in the People's Republic of China", *International Journal of Offender Therapy & Comparative Criminology*, Vol. 48, No. 3, 2004, pp. 281 – 297.

　　② Bao Wan-Ning, Haas Ain, Chen Xiaojin, Pi Yijun, "Repeated Strains, Social Control, Social Learning, and Delinquency: Testing an Integrated Model of General Strain Theory in China", *Youth & Society*, Vol. 46, No. 3, 2012, pp. 402 – 424.

老师的排斥、受到同伴的排斥、学习成绩、自我控制水平、与违法同伴交往、独生子女、父母的受教育程度上存在显著差异；在控制了学习成绩、自我控制水平、与违法同伴交往以及年级、父母的受教育程度、社会阶层、独生子女等人口学变量之后，紧张事件对犯罪行为具有显著影响；犯罪行为的影响因素存在明显的性别差异，对于男生来说，家庭负债、父母婚姻不稳定、遭遇分手对犯罪行为具有显著影响，对于女生来说，家庭负债、遭遇分手、自己或家人生病对犯罪行为具有显著影响。[①]

第二节　本地居民与流动人口犯罪行为及影响因素的差异研究回顾

1958 年全国人大常委会第 91 次会议通过了《户口登记条例》，正式确立了我国城乡二元户籍制度，将全国居民划分为"农业户籍"和"非农业户籍"，形成一道制度壁垒，严格限制农村人口向城市的自由流动，并赋予城乡居民在就业、住房、医疗、教育等多个领域不同的机会和待遇，非农业户籍人口享受的权利明显多于农业户籍人口。改革开放以来，随着农村联产承包责任制的全面推行，农民生产积极性和劳动生产力得以大幅提高，农村出现大量的剩余劳动力，同时随着城市化、工业化进程的不断加快，城市对劳动力的需求快速增长，1984 年 1 月，中央下发了《关于 1984 年农村工作的通知》，允许并鼓励"农民自理口粮进城务工经商"，标志着农民向城市迁徙的严格限制政策开始松动，[②] 户籍制度限制人口迁移的作用逐渐减弱。[③]为了寻求更好的发展机会，大批流动人口从农村来到城市，从中西部

---

① Liu R. X. , "Life Events and Delinquency: An Assessment of Event-based Stressors and Gender Differences among Adolescents in Mainland China", *Sociological Inquiry*, Vol. 86, No. 3, 2016, pp. 400 – 426.

② 孙中伟、刘林平：《中国农民工问题与研究四十年：从"剩余劳动力"到"城市新移民"》，《学术月刊》2018 年第 11 期。

③ 李瑜：《我国统筹城乡户籍制度改革的理性思考》，《人口与经济》2011 年第 5 期。

地区来到沿海地区，从小城镇来到大都市，从欠发达地区来到发达地区，形成人类历史上规模最大的人口流动大潮。在过去的 40 年里，中国人口总量增长了 0.35 倍，而流动人口的数量从 1982 年的 657 万人猛增至 2021 年的 3.85 亿人，增长了 58.6 倍。① 随着流动人口大规模涌入城市，一些流动人口的极端暴力犯罪案件频繁出现在报纸、杂志和互联网上，流动人口的负面形象被大众媒体广泛报道和传播，开始引起社会管理部门的注意。一些城市卖淫、嫖娼、盗窃、抢劫等犯罪高发，犯罪人主要是没有就业的流动人口，② 流动人口犯罪问题开始成为社会各界关注的热点问题，国内外学者对此进行了诸多理论探讨和实证研究。

一些学者通过对某个地区的官方统计数据（如公安机关受理的刑事案件数、法院审理的刑事案件数）进行分析，得出"流动人口成为犯罪的主要群体"的研究结论。如徐建华和宋小明（2005）通过对 2004 年珠江三角洲某特大城市一个区发生的 2180 起特大刑事案件进行分析，发现流动人口是犯罪的主体，占犯罪人总数的 87%。③ 骆华松和董静（2005）通过对某戒毒所 2000 年 1—12 月收进的戒毒人员相关资料进行分析，发现吸毒人员中流动人口占比一直保持在 63% 以上。④ 福建省厦门市公安局课题组（2011）通过对厦门市公安机关掌握的数据进行分析，发现 2008 年抓获的犯罪嫌疑人中流动人口占 80.23%，2009 年抓获的犯罪嫌疑人中流动人口占 74.41%。⑤ 林君和刘婷（2013）通过对 2008—2012 年温州市公安机关的相关数据进行分析，发现被打击

---

① 中华人民共和国统计局：《中华人民共和国 2021 年国民经济和社会发展统计公报》，http：//www.stats.gov.cn/tjsj/zxfb/202202/t20220227-1827960.html，2022 年 2 月 28 日。

② 孙中伟、刘林平：《中国农民工问题与研究四十年：从"剩余劳动力"到"城市新移民"》，《学术月刊》2018 年第 11 期。

③ 徐建华、宋小明：《珠江三角洲刑事犯罪人、被害人的人口特征分析》，《南方人口》2005 年第 3 期。

④ 骆华松、董静：《云南省流动人口与毒品扩散的实证分析》，《云南师范大学学报》（哲学社会科学版）2005 年第 2 期。

⑤ 福建省厦门市公安局课题组：《流动人口犯罪及其防治对策探析》，《公安研究》2011 年第 2 期。

处理的农民工违法犯罪人员占全部被打击处理人员数的一半以上。[①] 张应立和殷东伟（2015）通过对 2005—2013 年 6 月宁波市公安机关统计数据进行分析，发现流动人口占全市在册吸毒人数的比例从 2005 年的 24.3% 上升至 2013 年的 55.5%；抓获的流动人口毒品犯罪嫌疑人数大幅上升，从 2005 年的 458 人上升至 2012 年的 790 人，虽然流动人口毒品犯罪嫌疑人数占毒品犯罪嫌疑人总数的比例从 2005 年的 88.9% 下降至 2012 年的 65.5%，但是流动人口仍然是毒品犯罪的最主要群体。[②] 冯向军和冉一妩（2016）通过对 2005—2014 年 T 市 B 区检察机关的数据进行分析，发现流动人口犯罪数占全区批准逮捕数的 66.74%，占全区提起公诉案件数的 59.51%。[③]

官方统计数据是犯罪统计数据的一个重要组成部分，作为一种二手数据，其具有样本规模大、内容全面、有一定的权威性、便于获取等优点，[④] 可以提供有关流动人口犯罪的重要信息，但也存在真实性质疑（谎报数据）、可靠性折扣（统计标准多变）、系统性不足（数据过于单一宏观）和公开共享机制缺失等问题，[⑤] 导致无法清晰而完整地呈现当前我国真实的犯罪形势，并且这种描述性统计数据无法帮助我们了解中国城市犯罪率高的原因。[⑥] 此外，以往的研究发现进入司法程序或统计的犯罪数量在一个人的犯罪总数中所占的比例非常

[①] 林君、刘婷：《新生代农民工违法犯罪问题调查报告——以温州市为例》，《浙江警察学院学报》2013 年第 5 期。

[②] 张应立、殷东伟：《流动人口毒品犯罪实证研究》，《净月学刊》2015 年第 2 期。

[③] 冯向军、冉一妩：《检察视阈下外来人口犯罪的实证分析——以 2005 年至 2014 年 T 市 B 区检察机关审理的案件为样本》，《天津法学》2016 年第 2 期。

[④] 何挺：《刑事司法实证研究：以数据及其运用为中心的探讨》，《中国法学》2016 年第 4 期。

[⑤] 何挺：《刑事司法实证研究：以数据及其运用为中心的探讨》，《中国法学》2016 年第 4 期；卢建平：《中国犯罪治理研究报告》，清华大学出版社 2015 年版，第 59—60 页。

[⑥] Liu Jianhong, Liu Siyu, "Are Children of Rural Migrants More Delinquent than Their Peers? A Comparative Analysis of Delinquent Behaviors in the City of Guangzhou, China", *Crime Law & Social Change*, Vol. 66, No. 5, 2016, pp. 465—489; Shen Yinzhi, Zhong Hua, "Rural-to-Urban Migration and Juvenile Delinquency in Urban China: A Social Control Perspective", *Asian Journal of Criminology*, Vol. 13, No. 3, 2018, pp. 207–229.

小，官方统计数据低估了真正的犯罪现象，[①] 并且容易受到刑事司法偏见的影响，无法真实而全面地反映出流动人口与本地居民犯罪行为的发生率及其严重程度。使用官方统计数据，简单地比较流动人口与本地居民在犯罪数量上的差异，或犯罪人中流动人口与本地居民的占比，可能会对当前犯罪人的特征产生有偏见的结论。

自我报告式调查作为犯罪统计数据的另一个重要组成部分，可以弥补官方统计数据存在的上述缺陷。[②] 为此，一些学者通过对在校中学生、监狱服刑人员进行问卷调查，采取自我报告的方式获取流动人口（或流动青少年）与本地居民（或本地青少年）实施犯罪行为的情况，考察两组人群在犯罪行为及其影响因素上是否存在差异。多数研究发现与本地居民（或本地青少年）相比，流动人口（或流动青少年）自我控制水平更低，结交了更多的违法同伴，经历了更高强度的紧张，但是对于自我控制、与违法同伴交往、紧张对两组人群犯罪行为的影响是否存在差异，流动人口（或流动青少年）是否比本地居民（或本地青少年）实施了更多犯罪行为，得出了不一致的研究结论。

一些研究发现与本地居民（或本地青少年）相比，流动人口（或流动青少年）自我报告实施了更多的犯罪行为或越轨行为，支持了当前的主流观点。如陈曦和钟华（2012）通过对1394名广州市初二学生（包括573名流动青少年和821名本地青少年）进行问卷调查，发现与本地青少年相比，流动青少年实施了更多越轨行为，他们更可能面临与老师的负面关系，面临更大的经济压力，朋友中有越轨行为的比例更高，但是他们更少出现紧张、绝望、烦躁或焦虑、沮丧、觉得自己一无是处等负面情绪；对比影响两组人群越轨行为的因素，发现与老师的负面关系、与朋辈的负面关系、负面生活事件、被害经历等紧张变量以及与违法同伴交往、性别对越轨行为具有显著正

---

① 曹立群、周愫娴：《犯罪学理论与实证》，群众出版社2007年版，第50—51页。
② 郑红丽、罗大华：《低自我控制与家庭社会经济地位在青少年犯罪中的作用——我国青少年犯罪成因实证研究初探》，《青年研究》2009年第3期。

向影响，上述变量对越轨行为的影响在两组人群之间不存在显著差异；负面情绪在紧张与越轨行为之间发挥了中介作用。[1] 金诚（2017）通过对浙江省4所监狱的1777名服刑人员（包括133名城市人、50名城镇人、49名城市中的城镇人、83名本地农民工、480名外出农民工一代、324名农民工一代半、8名外出农民工二代、249名农民）进行调查，单因素方差分析结果表明各身份群体平均自我报告犯罪行为率不存在显著差异，但运用 Tukey HSD 方法对城市人群体与新生代农民工群体的差异性事后检验，发现新生代农民工自我报告违法犯罪率比城市人群体高；农民和外出农民工感知的歧视最为强烈，农民和农民工一代在做事和处世方面，表现得更为自私、冲动且不计后果；对影响不同人群犯罪行为的因素进行对比分析，发现存在一定的差异，被害经历仅对城市中的城镇人、本地农民工、农民工一代的犯罪行为具有显著影响。[2] Shen 和 Zhong（2018）通过对1308名广州市中学生（包括470名乡—城流动青少年和838名城市本地青少年）进行问卷调查，发现乡—城流动青少年比城市本地青少年实施了更多的犯罪行为，社会控制水平更低，对父母和学校的依恋、对教育的信奉、对法律的信念在流动人口的身份与犯罪行为之间发挥了完全中介作用。[3]

但也有一些研究得出了完全不同的研究结论，发现本地居民（或本地青少年）没有比流动人口（或流动青少年）实施更多的犯罪行为。如 Lo 等学者（2016）使用分层整群抽样的方法，对广州市22所公立学校和10所私立学校的1238名初二学生（包括741名本地青少年和497名乡—城流动青少年）进行问卷调查，发现两组人群在轻微犯罪行为和严重犯罪行为上都不存在显著差异，乡—城流动青少

---

① 陈曦、钟华：《压力、负面情绪与中国流动儿童的越轨行为》，《青少年犯罪问题》2012年第5期。

② 金诚：《新生代农民工犯罪群体与代际差异研究》，《社会科学战线》2017年第7期。

③ Shen Yinzhi, Zhong Hua, "Rural-to-Urban Migration and Juvenile Delinquency in Urban China: A Social Control Perspective", *Asian Journal of Criminology*, Vol. 13, No. 3, 2018, pp. 207 – 229.

年没有比本地青少年实施更多的轻微犯罪行为和严重犯罪行为；与本地青少年相比，乡—城流动青少年经历了更高强度的紧张，包括居住的社区解组程度更高，更经常受到老师的忽视、嘲笑、体罚，遭受过更多暴力犯罪侵害，学习压力更大，父母与子女之间的关系更加薄弱，结交了更多的违法同伴，但情绪上的痛苦水平没有本地青少年高；对影响两组人群轻微犯罪行为的因素进行对比分析，发现性别、学习压力、师生关系、与违法同伴交往对两组人群的轻微犯罪行为都具有显著影响，但是受到老师的虐待、暴力犯罪被害经历对两组人群轻微犯罪行为的影响存在显著差异；对影响两组人群严重犯罪行为的因素进行对比分析，发现暴力犯罪被害经历、精神痛苦水平、与违法同伴交往对两组人群的严重犯罪行为都具有显著影响，但是性别、受到老师的虐待、经济压力、学习压力、师生关系对两组人群严重犯罪行为的影响存在显著差异。[①]

此外，还有一些研究得出了混合的研究结论，发现本地居民（或本地青少年）与流动人口（或流动青少年）仅在某些类型的犯罪行为上存在显著差异，而在另一些类型的犯罪行为上不存在显著差异。如 Gao 和 Wong（2015）通过对 1163 名深圳市中学生（包括 496 名本地青少年和 667 名流动青少年）进行问卷调查，发现本地青少年与流动青少年在财产犯罪行为和暴力犯罪行为上均不存在显著差异，仅在身份犯罪行为上存在显著差异，流动青少年比本地青少年实施了更多的身份犯罪行为；两组人群在经济压力、学习压力、社区解组程度、受到歧视、社会控制、与违法同伴交往、年龄等变量上存在显著差异，与本地青少年相比，流动青少年经历了更大的经济压力和学习压力，受到更严重的歧视，居住的社区解组程度更高，社会控制水平更低，结交了更多的违法同伴，年龄更大；对影响两组人群犯罪行为的因素进行对比分析，发现经济压力、受到歧视、社会控制、与

---

① Lo C. C., Cheng T. C., Bohm M., et al., "Rural-to-Urban Migration, Strain, and Juvenile Delinquency: A Study of Eighth-Grade Students in Guangzhou, China", *International Journal of Offender Therapy & Comparative Criminology*, Vol. 62, No. 2, 2016, pp. 334 – 359.

违法同伴交往对两组人群财产犯罪行为、暴力犯罪行为、身份犯罪行为都具有显著影响。尽管流动青少年比本地青少年经历了更高强度的紧张，但他们并没有比本地青少年实施更多的财产犯罪行为和暴力犯罪行为。[①] Liu Jianhong 和 Liu Siyu（2016）通过对 1490 名广州市中学生（包括 435 名乡—城流动青少年和 1055 名本地青少年）进行问卷调查，发现乡—城流动青少年与本地青少年在犯罪行为的发生率上不存在显著差异，但是在犯罪行为的多样性得分上存在显著差异，本地青少年犯罪行为的多样性得分显著高于乡—城流动青少年；与本地青少年相比，乡—城流动青少年年龄更小，家庭经济状况更差，自我控制水平更低，结交了更多的违法同伴，对学校的依恋更低；对影响两组人群犯罪行为的因素进行对比分析，发现与违法同伴交往对两组人群犯罪行为的发生率和犯罪行为的多样性都具有显著影响，但是自我控制水平对犯罪行为的发生率和犯罪行为的多样性的影响在两组人群之间存在显著差异。[②]

第三节　研究假设

一　假设一

犯罪的一般理论、社会学习理论、一般紧张理论在世界多个国家和地区得到了大量实证研究的检验，结果表明上述理论可以适用于多个国家和地区，但是有必要根据调查所在国家和地区的文化和社会条件，对其进行适当的调整。自改革开放以来，中国社会经历了巨大的社会变革。经济的快速发展不仅极大地提高了普通公众的生活质量，也导致了一系列社会问题，如非正式社会控制弱化、人口流动增加、

---

① Gao Yunjiao, Wong Dennis S. W., "Strains and Delinquency of Migrant Adolescents in China: An Investigation from the Perspective of General Strain Theory", *Youth and Society*, Vol. 50, No. 4, 2015, pp. 506 – 528.

② Liu Jianhong, Liu Siyu, "Are Children of Rural Migrants More Delinquent than Their Peers? A Comparative Analysis of Delinquent Behaviors in the City of Guangzhou, China", *Crime Law & Social Change*, Vol. 66, No. 5, 2016, pp. 465, 489.

离婚率上升、警民关系紧张、犯罪问题突出。处于该宏观社会背景下的个体普遍经历了社会急剧变革带来的上述一系列负面结果，这些与西方国家个体经历的状况极为相似，所以许多在西方国家会导致犯罪的因素，如自我控制水平低下、与违法同伴交往、经济压力、遭受犯罪的侵害、居住在不利的社区、经历负面生活事件等，在中国可能同样也会导致犯罪。为此，基于理论分析框架和现有文献，提出如下假设：

H1a：自我控制水平与犯罪行为呈负相关关系，自我控制水平越低的服刑人员，自我报告被捕前 1 年里实施了越多的犯罪行为。

H1b：与违法同伴交往和犯罪行为呈正相关关系，与违法同伴交往的服刑人员，自我报告被捕前 1 年里实施了越多的犯罪行为。

H1c：紧张与犯罪行为呈正相关关系，经历了越高强度紧张的服刑人员，自我报告被捕前 1 年里实施了越多的犯罪行为。

二　假设二

尽管 2014 年国务院颁布了《关于进一步推进户籍制度改革的意见》，明确建立城乡统一的户口登记制度，取消农业户籍和非农业户籍性质区分，统一登记为居民户口，但由于我国长期以来实施的城乡二元户籍制度，使得大量的社会资源通过行政渠道从乡村聚集到城市，城市户籍制度上逐渐附着大量的社会福利，涉及就业、住房、社会保障、医疗、子女教育等方面，导致城乡户籍人口在可以享受的社会福利上存在较大的差异，流动人口尤其是农村户籍流动人口尽管在流入地工作生活很多年，但依然无法享受与本地居民同等的社会福利和公共服务，甚至还要面临就业歧视、子女上学困难等一系列的问题，[1] 处于相对弱势的地位，[2] 主要表现在：

首先，流动人口的成长环境可能会导致其自我控制水平低于本地

---

① 冯虹、张玉玺：《特大城市农民工社会保障研究——基于户籍制度改革的视角》，《山西大学学报》（哲学社会科学版）2016 年第 4 期。

② 陈曦、钟华：《压力、负面情绪与中国流动儿童的越轨行为》，《青少年犯罪问题》2012 年第 5 期。

居民。大部分流动人口来自农村，① 城乡之间在父母教养方式上存在明显差异。② 城市父母的受教育水平、工作性质、经济收入在总体上处于优势地位，对子女的教育投入更大，教育方式更加全面和科学，大多采取民主型教养方式，子女能够得到父母的理解、保护和偏爱，也能够感受到来自父母的情感温暖，③ 亲子之间形成较高的情感连接，父母可以有效监督子女的行为，及时发现他们的偏差行为，并对这些行为进行惩罚，帮助其建立良好的自我控制水平。农村父母虽然也"望子成龙"，但囿于自身教育资本的匮乏和经济生活的压力，忙于农活、家务，无暇关注子女在学习和日常生活中的细节问题，影响其对子女采取的教养方式和教养水平，要么采取放任自流的教养方式，对子女出现的偏差行为"视而不见"，要么奉行"棍棒底下出孝子"的理念，采取专制型教养方式，用简单粗暴的打骂来代替耐心细致的教育，④ 亲子之间缺少必要的情感和言语交流，子女对父母未能形成情感上的依恋，亲子关系疏离，父母无法有效监督子女的行为，及时发现其偏差行为，并进行惩罚，这些不恰当的养育行为可能会导致其自我控制水平低下。上述问题在一些有留守经历的流动人口身上更为突出，由于父母长年外出务工经商，将年幼的他们交由祖辈或其他亲友代为抚养，父母只有在逢年过节返乡时才能与子女相见，亲子长期分离，严重降低了父母对子女行为的监督和控制水平。祖辈或其他亲友作为临时监护人，因身体不好、精力有限或其他诸多方面的原因，通常只负责照顾留守儿童的日常生活起居，无法有效监督他们的行为。有学者在调查中发现，58.8%的隔代监护人和73.1%的

---

① 薛艳：《基于分层线性模型的流动人口社会融合影响因素研究》，《人口与经济》2016 年第 3 期。

② 张文新：《城乡青少年父母教育方式的比较研究》，《心理发展与教育》1997 年第 3 期；徐慊、郑日昌：《四川城乡青少年父母家庭教养方式比较》，《中国心理卫生杂志》2006 年第 5 期。

③ 陈苏娥、俞爱月：《中学生父母养育方式对比研究》，《中国健康心理学杂志》2006 年第 1 期。

④ 安蕾、张荣娟：《幼儿家庭养育环境的城乡比较》，《中国儿童保健杂志》2015 年第 9 期。

亲戚表示"只照顾生活，别的不管"。[1] 父母因为无法陪伴子女成长，心怀愧疚，希望能够在经济上给予其一些补偿，对他们的物质需求几乎是"有求必应"，养成了他们骄纵任性的习惯。[2] 以往的研究也支持了这一推断。例如，Liu Jianhong 和 Liu Siyu（2016）研究发现乡—城流动青少年与本地青少年在自我控制水平上存在显著差异，与本地青少年相比，乡—城流动青少年自我控制水平更低。[3]

其次，流动人口的社会交往情况和居住环境可能会导致他们结交违法同伴的风险高于本地居民。流动人口普遍从事劳动时间较长、强度较大的工作，闲暇时间和精力有限，多聚居在租金相对低廉的城乡接合部和"城中村"，在流入地社会交往范围比较封闭和狭窄，以血缘、地缘、业缘等初级和次级社会交往网络为主，与本地居民的交往主要以业缘关系为主，情感性的互动较少，呈现明显的边缘化和内卷化特征。张展新和侯亚飞（2009）通过对北京等五个城市的流动人口进行调查，发现流动人口的朋友圈以打工同伴和同乡为主。[4] 杜旻（2013）通过对 2011 年流动人口动态监测数据进行分析，发现 52% 的受访者报告交往对象主要是同乡，包括户口在本地和户口在老家的同乡，只有 26% 的受访者报告与周围的本地居民经常有交往。[5] 可见，交往的亲朋、老乡、工友对流动人口具有较大的影响。官方统计数据显示流动人口是当前犯罪的主要群体，意味着流动人口交往对象中有违法犯罪人员的比例可能会明显高于本地居民，其目睹犯罪、卷入犯罪情境的可能性更大，更容易习得从事犯罪的技巧、犯罪动机、

---

① 王广聪：《对留守儿童犯罪原因的一个比较解读——以社会解组理论为视角》，《河北公安警察职业学院学报》2008 年第 4 期。

② 赵娟：《城市流动人口子女教育的现状》，《社会》2003 年第 9 期；张文新：《城乡青少年父母教育方式的比较研究》，《心理发展与教育》1997 年第 3 期。

③ Liu Jianhong, Liu Siyu, "Are Children of Rural Migrants More Delinquent than Their Peers? A Comparative Analysis of Delinquent Behaviors in the City of Guangzhou, China", *Crime Law & Social Change*, Vol. 66, No. 5, 2016, pp. 465, 489.

④ 张展新、侯亚飞：《城市社区中的流动人口——北京等 6 城市调查》，社会科学文献出版社 2009 年版，第 210 页。

⑤ 杜旻：《我国流动人口的变化趋势、社会融合及其管理体制创新》，《改革》2013 年第 8 期。

犯罪内驱力、合理化策略和犯罪态度。刘战国（2010）通过对深圳市一个典型的"城中村"进行调查，发现一些流动人口因为暂时没有找到工作，跟老乡居住在一起，而老乡正好是靠偷窃营生的，他们在老乡的极力教唆下，经不住诱惑，走上犯罪的道路。① 此外，居住地是流动人口除工作场所之外最主要的活动场所，居住地点及社区环境对流动人口的影响较大。大部分流动人口聚居在城乡接合部和"城中村"，上述区域正式的和非正式的社会控制力量受到严重削弱，社会治安环境较差，是犯罪分子较为理想的"藏身之地"，导致居住在此的流动人口结交违法同伴的可能性大幅增加。刘战国（2010）研究发现，在广州 60% 的犯罪人藏匿于"城中村"；在太原，80% 的流动人口犯罪人生活在城乡接合部。② 以往的研究也支持了这一推断。例如，陈曦和钟华（2012）的研究，Gao 和 Wong（2015）的研究都发现流动青少年交往的朋友中有越轨行为/犯罪行为的比例显著高于本地青少年。③ Lo 等学者（2016）的研究，Liu Jianhong 和 Liu Siyu（2016）的研究都发现乡—城流动青少年交往的朋友中有犯罪行为的比例显著高于本地青少年。④

最后，流动人口受到制度性和结构性因素的制约，⑤ 在就业、工资、医疗、保险、失业保障、子女就学等方面，很难享受到与本地居民同等的待遇，可能会导致流动人口比本地居民经历更高强度

---

① 刘战国：《城中村犯罪的形成机制——以深圳 T 村为例》，《犯罪研究》2010 年第6 期。

② 刘战国：《城中村犯罪的形成机制——以深圳 T 村为例》，《犯罪研究》2010 年第6 期。

③ 陈曦、钟华：《压力、负面情绪与中国流动儿童的越轨行为》，《青少年犯罪问题》2012 年第 5 期；Gao Yunjiao，Wong Dennis S. W.，"Strains and Delinquency of Migrant Adolescents in China：An Investigation from the Perspective of General Strain Theory"，*Youth and Society*，Vol. 50，No. 4，2015，pp. 506 – 528。

④ Lo C. C.，Cheng T. C.，Bohm M.，et al.，"Rural-to-Urban Migration，Strain，and Juvenile Delinquency：A Study of Eighth-Grade Students in Guangzhou，China"，*International Journal of Offender Therapy & Comparative Criminology*，Vol. 62，No. 2，2016，pp. 334 – 359；Liu Jianhong，Liu Siyu，"Are Children of Rural Migrants More Delinquent than Their Peers? A Comparative Analysis of Delinquent Behaviors in the City of Guangzhou，China"，*Crime Law & Social Change*，Vol. 66，No. 5，2016，pp. 465，489.

⑤ 杨菊华：《中国流动人口的社会融入研究》，《中国社会科学》2015 年第 2 期。

的紧张，主要体现在以下几个方面：一是对于多数流动人口，尤其是对那些文化素质不高、技术水平低下、劳动技能单一的流动人口而言，就业岗位受限，多为非正规就业劳动者，在第二、第三产业中从事技术含量较低、劳动强度较大的职业，工资收入较低，且工作不稳定，随时可能面临失业导致的生存危机，在流入地需负担租房、交通、医疗、子女受教育等方面的费用，普遍经历了较大的经济压力。二是大多被排斥在住房津贴等福利项目之外，选择以地缘、血缘、业缘为纽带聚居在租金相对低廉的"城中村"和城乡接合部。[1] 上述区域普遍存在城市规划滞后，房屋建筑密度大，违法违章搭建严重，人口流动性大，低就业率，高度贫困，正式和非正式的社会控制力量受到削弱，社区解组程度较高等问题，居住在此的流动人口遭受犯罪侵害的可能性较高。三是流动人口多从事一些技术含量低、劳动强度大或是职业危险系数高、工作环境差的工作，长时间超负荷工作，加之缺少相应的劳动保护措施，自身健康知识缺乏，导致其患职业病、遭遇工伤事故等负面生活事件的风险高于本地居民。以往的实证研究也支持了上述推断，例如，Gao 和 Wong（2015）研究发现流动青少年比本地青少年经历了更大的经济压力，居住的社区解组程度更高。[2] 陈曦和钟华（2012）研究发现流动青少年比本地青少年经历了更大的经济压力，经历了更多的负面生活事件，遭受过更多犯罪的侵害。[3] Lo 等学者（2016）研究发现与本地青少年相比，乡—城流动青少年居住的社区解组程度更高，遭受过更多暴力犯罪侵害。[4] Zhong、Xu、Piquero（2017）使

① 林梅：《当前中国住房保障制度建设面临的困境及对策》，《科学社会主义》2012年第 5 期。

② Gao Yunjiao, Wong Dennis S. W., "Strains and Delinquency of Migrant Adolescents in China: An Investigation from the Perspective of General Strain Theory", *Youth and Society*, Vol. 50, No. 4, 2015, pp. 506 – 528.

③ 陈曦、钟华：《压力、负面情绪与中国流动儿童的越轨行为》，《青少年犯罪问题》2012 年第 5 期。

④ Lo C. C., Cheng T. C., Bohm M., et al., "Rural-to-Urban Migration, Strain, and Juvenile Delinquency: A Study of Eighth-Grade Students in Guangzhou, China", *International Journal of Offender Therapy & Comparative Criminology*, Vol. 62, No. 2, 2016, pp. 334 – 359.

用中山大学社会科学调查中心进行的大规模家庭调查数据（包括
723 名乡—城流动人口和 3123 名城市本地居民），发现乡—城流动
人口与城市本地居民在被害经历上存在显著差异，乡—城流动人口
比本地居民遭受过更多犯罪的侵害。[①]

基于以上分析，提出如下假设：

H2a：流动人口比本地居民自我控制水平更低，自我控制水平对
流动人口和本地居民犯罪行为都具有显著影响，但是对流动人口犯罪
行为的影响更大。

H2b：流动人口比本地居民更可能与违法同伴交往，与违法同伴
交往对流动人口和本地居民犯罪行为都具有显著影响，但是对流动人
口犯罪行为的影响更大。

H2b：流动人口比本地居民经历了更高强度的紧张，紧张对流动
人口和本地居民犯罪行为都具有显著影响，但是对流动人口犯罪行为
的影响更大。

三 假设三

以往部分基于对在校中学生或是监狱服刑人员的调查发现流动人
口实施了更多的越轨行为或犯罪行为，如陈曦和钟华（2012）研究
发现流动青少年比本地青少年实施了更多的越轨行为。[②] Gao 和 Wong
（2015）研究发现本地青少年和流动青少年在身份犯罪行为上存在显
著差异，流动青少年比本地青少年实施了更多的身份犯罪行为。[③] Liu
Jianhong 和 Liu Siyu（2016）研究发现乡—城流动青少年与本地青少
年在犯罪行为的多样性得分显著存在上差异，本地青少年犯罪行为的

---

① Zhong H., Xu J., Piquero A. R., "Internal Migration, Social Exclusion, and Victimization: An Analysis of Chinese Rural-to-Urban Migrants", *Journal of Research in Crime & Delinquency*, Vol. 54, No. 4, 2017, pp. 479 – 514.

② 陈曦、钟华：《压力、负面情绪与中国流动儿童的越轨行为》，《青少年犯罪问题》
2012 年第 5 期。

③ Gao Yunjiao, Wong Dennis S. W., "Strains and Delinquency of Migrant Adolescents in China: An Investigation from the Perspective of General Strain Theory", *Youth and Society*, Vol. 50, No. 4, 2015, pp. 506 – 528.

多样性得分显著高于乡—城流动青少年。[①] 金诚（2017）研究发现新生代农民工自我报告违法犯罪率比城市人群体更高。[②] 基于以上分析，提出如下假设：

H3：流动人口比本地居民实施了更多的犯罪行为。

---

① Liu Jianhong, Liu Siyu, "Are Children of Rural Migrants More Delinquent than Their Peers? A Comparative Analysis of Delinquent Behaviors in the City of Guangzhou, China", *Crime Law & Social Change*, Vol. 66, No. 5, 2016, pp. 465, 489.

② 金诚：《新生代农民工犯罪群体与代际差异研究》，《社会科学战线》2017 年第 7 期。

第三章　研究设计与实施

第一节　调查问卷的设计

通过对现有文献进行全面的梳理和分析，并参考相关调查问卷，结合中国的实际情况，尤其是社会转型背景下犯罪的现状和主要特点，编制了调查问卷。调查问卷主要包括两大部分：第一部分是基本情况的调查，收集人口背景特征、罪名、判处刑期、被害经历等信息；第二部分主要是基于李克特式的量表（Likert Scale），收集服刑人员的自我控制水平、对居住社区环境的主观评价等信息。2016 年 10 月在贵州省贵阳市某监狱对 40 名服刑人员进行了小范围的试调查，并对其中的 20 名服刑人员进行了开放式访谈。根据调查数据的分析结果、访谈对象反馈的信息，征求相关专家的意见后，对问卷进行了修改，修改语义模糊、难以理解或含义不清的问题，删除不符合中国国情的问题，最终形成正式调查问卷。

第二节　调查地点的选取

选取贵州省贵阳市作为此次调查的地点，主要是出于以下两个方面考虑，一是贵州省贵阳市作为省会城市，是全省的政治、经济、文化和金融中心，是中国西南地区重要的中心城市。自改革开放以来，贵阳市发生了巨大的变化，市场经济得到了持续较快发展，2016 年该市 GDP 达到 3157.7 亿元，[①] 经济的快速发展创造了大量的就业机会，大量来自省内外的流动人口为了寻求更好的工作和生活条件流入贵阳市。2014 年年底，该市总人口数为 462.18 万人，其中流入人口数约为 129 万人，占全市总人口数的 27.45%。[②] 鉴于中国西部城市大多具有相似的发展轨迹，贵阳市在很大程度上可以作为中国西部城市的一个代表。二是贵州省现有的 29 所监狱中有 7 所位于贵阳市，并且贵阳市的 B 监狱分流中心是全省规模最大的分流中心之一，与贵州省其他县市相比，贵阳市监狱数量最多，在押服刑人员最多，服刑人员的户口所在地和被捕前居住地构成更为复杂，不仅有户口所在地不在贵阳市但在贵阳市犯罪并被判刑入狱的人员，而且有贵阳市本地居民在外地犯罪被判刑后遣送回贵阳市监狱服刑的人员。选取贵阳市为调查地点，有助于提高样本选取的广泛性和样本的代表性。[③]

第三节　数据收集与样本特征

使用的数据来自笔者于 2017 年 3—4 月在贵阳市三所监狱开展的问卷调查。在综合考虑了监狱的特点、服刑人员涉及的犯罪类型和刑期长短，同时兼顾性别特征后，从贵阳市现有的 5 所男子监狱和 2 所女子监狱中，选取了 2 所男子监狱和 1 所女子监狱。其中，A 监狱为中度戒备监狱，主要关押被判处 3—15 年有期徒刑的长刑犯，少量 3 年以下有期徒刑的轻刑犯；B 监狱为高度戒备监狱，主要关押被判处 15 年以上有期徒刑、无期徒刑、死刑缓期两年执行的重刑犯；C 监

---

① 贵州日报：《贵阳市 2016 年实现 GDP 3157.70 亿元 同比增长 11.7%》，搜狐网，http://gz.sina.com.cn/news/city/2017-02-10/detail-ifyamkzq1209357.shtml，2017 年 2 月 10 日。

② 贵阳市人民政府：《贵阳市人口基本情况》，http://www.gygov.gov.cn/col/col10822/index.html，2017 年 9 月 12 日。

③ 由于目前中国实行的是犯罪地关押政策，户籍地不在贵阳市的人员，如果在贵州省（包括贵阳以及贵阳市之外的贵州省其他县市）犯罪后被判刑，将进入全省的新入监犯分流中心参加入监集训，之后被分流到全省各所监狱服刑；户口所在地在贵阳市的人员在其他省份犯罪后被判刑，可能会被遣送回户口所在地监狱服刑，例如，按照相关规定，在北京犯罪的外省籍罪犯，将被遣送回户口所在地服刑。

狱为一所女子监狱，全省共有两所女子监狱，该监狱是规模最大的一所女子监狱，主要关押女性重刑犯、全省副处级以上女性职务犯、全省新入监女犯。这三所监狱在一定程度上代表了该省不同类型的监狱。

在每个选取的监狱中，有目的地选取一些监区，以确保样本的多样性，因为监狱通常会根据在押人员的犯罪类型和刑期，将其分到不同的监区。邀请监区内除生病、违反监规被关禁闭、外出参加生产劳动之外的在押人员参与此次调查。此次调查共抽取服刑人员1757名，其中54人拒绝参加，最终有1703名服刑人员参与了此次调查。

由于调查对象和调查内容的特殊性，调查必须在监狱民警的陪同下进行，但监狱民警仅负责组织参加此次调查的服刑人员集合，维护现场秩序，确保现场安全有序，不参与问卷发放、回收和统计工作。由笔者负责发放问卷，向受访者详细解释此次问卷调查的目的和问卷填写方式，告知是自愿作答，匿名填写，信息保密，答案无对错之分，只需按真实情况填写即可，对受访者在答题过程中遇到的问题进行解答，但只对题项的含义作出解释，不引导受访者作答。采取自填式问卷调查，针对读写能力较差、自填存在困难的受访者，则采取面对面访谈的方式帮助其完成问卷填写。服刑人员填写完毕后当场收回问卷。问卷完成时间在40分钟左右。

对现场回收的问卷进行筛查，将项目填写不足80%、存在明显逻辑错误的110份问卷予以剔除，最终有效问卷1593份，有效问卷率为93.5%。调查对象的主要人口背景特征如下（如表3-1所示）：

在性别分布上，男性933人，占58.6%；女性660人，占41.4%。

在民族分布上，汉族1247人，占78.3%；少数民族338人，占21.2%，另有8人该项信息缺失。

在文化程度分布上，小学及以下425人，占26.7%；初中733人，占46.0%；普通高中/职业高中/中专/中等技校253人，占15.9%；大专及以上177人，占11.1%，另有5人该项信息缺失。

在被捕前是否有稳定工作上，有稳定工作612人，占38.4%，无稳定工作 978 人，占 61.4%，另有 3 人该项信息缺失。

在户口类型的分布上，非农业户口 628 人，占 39.4%；农业户口 954 人，占 59.9%，另有 11 人该项信息缺失。

在户籍类型的分布上，本地居民 1025 人，占 64.4%；流动人口 566 人，占 35.5%，另有 2 人该项信息缺失。

在户口所在地分布上，户口在贵阳市有 458 人，占 28.8%；户口在贵阳市以外的贵州省其他县市有 941 人，占 59.0%；户口在贵州省以外的其他省市有 186 人，占 11.7%，另有 8 人该项信息缺失。

在被捕前居住地分布上，居住在贵阳市有 686 人，占 43.1%；居住在贵阳市以外的贵州省其他县市有 694 人，占 43.6%；居住在贵州省以外的其他省市有 206 人，占 12.9%，另有 7 人该项信息缺失。

在入监时的判决罪名分布上，涉及暴力犯罪（罪名包括抢劫、抢夺、故意伤害、强奸、故意杀人、故意伤害致人死亡、非法拘禁、绑架等）有 323 人，占 20.3%；涉及财产犯罪（罪名包括盗窃、诈骗、敲诈勒索、职务侵占、非法经营、贪污贿赂等）有 350 人，占 22.0%；涉及毒品犯罪（罪名包括走私、贩卖、运输、制造毒品、非法持有毒品、走私制毒物品罪等）有 553 人，占 34.7%；涉及其他犯罪（罪名包括交通肇事、组织卖淫、容留他人卖淫、强迫卖淫、妨碍公务、非法持有枪支、非法制造买卖爆炸物、纵火等）有 367 人，占 23.0%。

在此次入监前的入狱次数分布上，0 次有 1150 人，占 72.2%；1 次有 318 人，占 20.0%；2 次有 66 人，占 4.1%；3 次及以上有 51 人，占 3.2%，另有 8 人该项信息缺失。

由于监狱的特殊性，笔者无法获取监狱服刑人员的花名册，不能做到严格意义上的随机抽样，但在此次问卷调查时，三所监狱共关押服刑人员 10900 余人，其中农业户口占 65.97%，非农业户口占 34.03%；汉族占 79.1%，少数民族占 20.9%。可见，样本的户口类型和民族的分布情况与三所监狱的总体情况较为接近，可以认为样本具有代表性。此外，样本中近 3/4 的受访者受教育程度为小学和初中学历，多数受访者表示被捕前没有稳定的工作，这与之前有关监狱服刑人员的调查研究发现基本一致。[①]

剔除变量中有缺失值和无效值的个案后，最后的样本数是1518人，包括本地居民973人（占64.1%），流动人口545人（占35.9%）。

表3-1　　　　　　样本基本情况（N=1518）

样本特征	分类指标	人数	百分比（%）
性别	男性	933	58.6
	女性	660	41.4
民族	汉族	1247	78.3
	少数民族	338	21.2
	缺失	8	0.5
文化程度	小学及以下	425	26.7
	初中	733	46.0
	普通高中/职业高中/中专/中等技校	253	15.9
	大专及以上	177	11.1
	缺失	5	0.3
稳定工作	有	612	38.4
	无	978	61.4
	缺失	3	0.2
户口类型	非农业户口	628	39.4
	农业户口	954	59.9
	缺失	11	0.7
户籍类型	本地居民	1025	64.4
	流动人口	566	35.5
	缺失	2	0.1

---

① Sun Ivan Y., Luo Haishan, Wu Yuning, Lin Wen-Hsu, "Strain, Negative Emotions, and Level of Criminality Among Chinese Incarcerated Women", *International Journal of Offender Therapy and Comparative Criminology*, Vol. 60, No. 7, 2015, pp. 828 – 846.

续表

样本特征	分类指标	人数	百分比（%）
户口所在地	贵阳市	458	28.8
	贵阳市以外的贵州省其他县市	941	59.0
	贵州省以外的其他省市	186	11.7
	缺失	8	0.5
被捕前居住地	贵阳市	686	43.1
	贵阳市以外的贵州省其他县市	694	43.6
	贵州省以外的其他省市	206	12.9
	缺失	7	0.4
入监时的判决罪名	涉及暴力犯罪	323	20.3
	涉及财产犯罪	350	22.0
	涉及毒品犯罪	553	34.7
	其他	367	23.0
此次入监前的入狱次数	0 次	1150	72.2
	1 次	318	20.0
	2 次	66	4.1
	3 次及以上	51	3.2
	缺失	8	0.5

第四节　变量的选取与测量

在犯罪学实证研究中，每个犯罪学理论选取的变量是否具有代表性，测量变量的量具是否具有良好的信效度是一个非常重要的问题。[①] 为此，本书在变量的选取上，尽可能选取国内外相关研究中使用较为普遍，且得到广泛认可的变量；在测量工具的选取上，尽可能选取国内外已经比较成熟的问题选项和量表，这些问题选项和量表均经过国内外大量实证研究的检验，具有良好的信度和效度。对量表进行翻译和回译，并根据调查对象和研究目的进行修订，删除不符合中国国情和调查对象特点的题项。

---

① 曹立群、周愫娴：《犯罪学理论与实证》，群众出版社 2007 年版，第 247 页。

一　因变量

采用的自我报告犯罪行为量表来自 Ren 等学者于 2016 年发表的《犯罪亚文化与中国未成年犯对警察的态度》一文中使用的量表,[①]根据调查对象的特点对其进行了简单的修订,删去"喝高度酒(如二锅头)""收取保护费",增加"与他人打架并把对方打伤",最终形成的量表包括 10 个问题,要求受访者回忆被捕前 1 年里实施下述行为的频率作答,每道题有五个答案,除"吸食或注射毒品"的答案包括"从不""很少""偶尔""经常""总是",其他问题的答案包括"从来没有""1 次""2 次""3—4 次""5 次及以上",分别记作 1—5。

探索性因子分析结果显示,KMO 的值为 0.786,Bartlett 球形检验卡方值具有统计学意义(P = 0.000),表明样本适合进行因子分析,[②] 系数为 0.23—0.84。采用主成分与最大方差正交旋转法进行因子分析,提取了 3 个因子(特征值大于 1),分别是"暴力犯罪行为""财产犯罪行为""毒品犯罪行为",[③] 累积方差贡献率为 64.596%。提取公因子情况与问卷设计时假设的结构相一致,表明量表具有良好的结构效度。以科隆巴赫系数(Cronbach's alpha)来检验该量表的信度(各题项的内部一致性)。双尾检验,在 95% 的置信水

---

① Ren Ling, Zhang Hongwei, Zhao Jihong Solomen, Zhao Ruohui, "Delinquent Subculture and Juvenile Offenders Attitudes Toward the Police in China", *Police Quarterly*, Vol. 19, No. 1, 2016, pp. 87 – 110.

② KMO (Kaisex-Meyer-Olkin measure of sampling adequacy) 统计量的功能是考察原始变量之间的偏相关系数是否很小。KMO > 0.7 可放心进行因子分析,0.6 < KMO < 0.7 勉强可进行因子分析,0.5 < KMO < 0.6 不太适合进行因子分析,KMO < 0.5 完全不适合进行因子分析。具体参见杜智敏《抽样调查与 SPSS 应用》,电子工业出版社 2010 年版,第 721 页。

③ 毒品犯罪包括 2 个问题,问受访者在此次被捕前 1 年里,有过下述行为几次?(1)买卖毒品;(2)吸食或注射毒品。以往的研究也曾使用过同样的测量方式,参见 Lagrange T. C., Silverman R. A., "Low Self-control and Opportunity: Testing the General Theory of Crime as an Explanation for Gender Differences in Delinquency", *Criminology*, Vol. 37, No. 1, 1999, pp. 41 – 72; Zhang Hongwei, Zhao Jihong Solomen, Ren Ling, Zhao Ruohui, "Subculture, Gang Involvement, and Delinquency: A Study of Incarcerated Youth in China", *Justice Quarterly*, 2016, pp. 1 – 26。

平下，上述三个因子的科隆巴赫系数分别为 0.860、0.596、0.771。可见，本书使用的工具信度尚可。分别将受访者在上述问题上的得分相加，得出暴力犯罪行为总分、财产犯罪行为总分、毒品犯罪行为总分，得分越高则表明其被捕前 1 年里实施了越多的暴力犯罪行为、财产犯罪行为、毒品犯罪行为。

表 3 - 2　　自我报告犯罪行为的因子分析和信度分析（N = 1518）

问题	暴力犯罪行为	财产犯罪行为	毒品犯罪行为
（1）与他人打架并把对方打伤	0.888	0.127	0.052
（2）打群架	0.864	0.132	0.028
（3）故意伤害他人	0.825	0.160	- 0.011
（4）随身携带刀棍、匕首等凶器	0.78	0.123	0.168
（5）入室盗窃	0.081	0.764	0.005
（6）盗窃电动车或者摩托车	0.159	0.639	- 0.055
（7）从商店、超市或购物中心偷东西	- 0.015	0.622	0.229
（8）抢钱包、手机、首饰等贵重物品	0.315	0.602	- 0.039
（9）买卖毒品	0.100	0.068	0.891
（10）吸食或注射毒品	0.056	0.013	0.888
特征值	3.457	1.602	1.401
解释变异量（%）	29.699	18.189	16.708
累积解释变异量（%）	29.699	47.888	64.596
Cronbach's α 系数	0.860	0.596	0.771

注：KMO 值为 0.786，Bartlett 球形检验显著，P < 0.01；因素抽取方法值：主成分分析法；旋转方法：正交旋转。

二　自变量

（一）自我控制水平

采用的是 Piquero 和 Tibbetts 于 1996 年发表的《低的自我控制和情境因素在犯罪人作出决策的过程中发挥的直接作用和间接作用研究——建立一个更加完整的理性犯罪行为解释模型》一文中使用的

量表,[1] 该量表是 Grasmick 等学者于 1993 年编制的自我控制态度量表的简化版,曾被用于多项研究,经证实其具有良好的内部一致性和重测信度,在心理测量学上是测量自我控制的一个非常合适的量表,共有 12 个问题,采用李克特五点式记分,答案从"非常不同意"到"非常同意",分别记作 1—5。

根据受访者回答情况,选取 11 个问题进行探索性因子分析,结果显示 KMO 的值为 0.851,Bartlett 球形检验卡方值具有统计学意义(P = 0.000),表明数据结构非常适合进行因子分析。采用主成分与最大方差正交旋转法进行因子分析,提取了 5 个因子(特征值大于 1),分别是"冲动""简单任务的偏好""冒险""以自我为中心""反复无常的脾气",累积方差贡献率为 76.301%,提取公因子情况与问卷设计时假设的结构相一致,表明量表具有良好的结构效度。各维度得分为各题项得分相加总和,得分越高表明其越容易冲动、越偏爱简单任务、越喜欢冒险、越以自我为中心、脾气越反复无常。

有必要对自我控制水平的测量作出简要的说明,本书测量的是受访者在此次问卷调查时的自我控制水平,而犯罪行为和其他变量测量的是受访者此次被捕前 1 年里的情况,看似用现在的自我控制水平去预测之前发生的犯罪行为,在时间的先后顺序上存在倒错的问题。但是这种测量方式在以往的实证研究中被普遍使用,学者对此的解释是按照戈特弗里德森和赫希的观点,自我控制水平在 8—10 岁被建立起来,在此后的整个生命历程中将保持相对稳定,所以在 10 岁之后的任何时间点上测量其自我控制水平,均能够较好地反映出其在儿童时期建立的自我控制水平,[2] 因此,这种测量方式是可行的。

---

① Alex Piquero, Stephen Tibbetts, "Specifying the Direct and Indirect Effects of Low Self-control and Situational Factors in Offenders' Decision Making: Toward a More Complete Model of Rational Offending", *Justice Quarterly*, Vol. 13, No. 3, 1996, pp. 481–510.

② Cheung N. W. T., Cheung Y. W., "Strain, Self-control, and Gender Differences in Delinquency Among Chinese Adolescents: Extending General Strain Theory", *Sociological Perspectives*, Vol. 53, No. 3, 2010, pp. 321–345.

表 3 – 3　　　　自我控制的因子分析和信度分析（N = 1518）

问题	1	2	3	4	5
（1）我做事只图当时痛快，不考虑长远利益	0.857	0.164	0.172	0.112	0.137
（2）我常常凭一时冲动做事，而不是仔细考虑后再去做	0.847	0.076	0.203	0.070	0.087
（3）我更注重眼前利益，而不看重对自己有长远影响的事	0.662	0.320	0.043	0.267	0.209
（4）我会努力得到我想要的东西，即使我知道这样做可能会给别人带来麻烦	0.172	0.819	0.217	0.063	0.184
（5）我总是努力先为自己着想，即使它可能会让别人的事情更难办	0.195	0.799	0.104	0.165	0.206
（6）当我真的生气的时候，别人最好离我远一点	0.113	0.215	0.834	0.116	0.036
（7）我很容易发脾气	0.225	0.065	0.802	0.055	0.196
（8）我真的不喜欢做超出自己能力的事	0.031	0.051	0.100	0.890	0.060
（9）我经常避免做有难度的事情	0.305	0.185	0.068	0.752	0.100
（10）对我来说，刺激和冒险比安全更重要	0.190	0.146	0.202	0.075	0.865
（11）有时我发现做一些可能会让自己陷入麻烦的事情，会让人感到兴奋	0.148	0.464	0.043	0.122	0.681

　　注：KMO 值为 0.851，Bartlett 球形检验显著，$P < 0.01$；因素抽取方法值：主成分分析法；旋转方法：正交旋转。

（二）与违法同伴交往

　　采用的是 Ozbay 和 Köksoy 于 2009 年发表的《低的自我控制与土耳其青少年暴力犯罪行为是否相关》一文中使用的问题，并对其进行了简单的修订。[①] 问受访者在此次被捕前 1 年里，（1）交往的亲密朋友中，有违法犯罪的吗？（2）有朋友因违法犯罪被公安机关逮捕吗？答案为"没有"和"有"，分别记作 0 和 1。将其重新编码，两个问题都回答"没有"的，记作 0，至少一个问题回答有的，记作 1。科隆巴赫系数为 0.66。Zhang 等学者于 2016 年发表的《亚文化、

---

① Ozbay Ozden，Köksoy Onur，"Is Low Self-control Associated with Violence among Youths in Turkey?"，*International Journal of Offender Therapy & Comparative Criminology*，Vol. 53，No. 2，2009，pp. 145 – 167.

加入团伙与犯罪：一项基于中国未成年犯的研究》一文中也使用过类似的测量方式，问受访者在此次被捕前 1 年里，是否有使用毒品的朋友，是否有朋友因毒品犯罪被警察逮捕。[①]

（三）紧张

以往的研究多以在校生为调查对象，测量学习压力、遭遇分手、父母离婚或分居、与老师的消极关系、与父母的消极关系、与同伴的消极关系等一些不太严重的紧张事件和情形。虽然这些经历都属于阿格纽提出的三类紧张事件和情形，但上述紧张事件或情形并没有达到阿格纽提出的犯因性紧张的标准。以往的一些研究结果表明服刑人员作为弱势群体，被捕前往往经历了高强度的犯因性紧张，如经济压力、被害经历、社区解组程度、负面生活事件。[②] 为此，本书选取了上述四种在中国较为常见的紧张事件和情形。

1. 经济压力

采用的是刘建宏等学者编制的《吸毒人员调查问卷》中使用的问题，并对其进行了简单的修订，共有 5 个问题。问受访者在此次被捕前 1 年里，是否遇到过下列事件：（1）因为没钱付电话费而停机；（2）没有足够的钱付清房租和房屋贷款；（3）因为没有足够的钱付清房租和房屋贷款，被赶出门；（4）没钱付清水、电、煤气费；（5）需要去医院看病，但是没钱付医药费。答案为"没有"和"有"，分别记作 0 和 1。

探索性因子分析结果显示，KMO 的值为 0.821，Bartlett 球形检验卡方值具有统计学意义（P = 0.000），表明数据结构适合进行因子分析。采用主成分与最大方差正交旋转法进行因子分析，提取了 1 个因子（特征值大于 1），特征值为 2.770，解释方差总变异量的

---

① Zhang Hongwei, Zhao Jihong Solomen, Ren Ling, Zhao Ruohui, "Subculture, Gang Involvement, and Delinquency: A Study of Incarcerated Youth in China", *Justice Quarterly*, Vol. 34, No. 6, 2016, pp. 952 – 977.

② Sun Ivan Y., Luo Haishan, Wu Yuning, Lin Wen-Hsu, "Strain, Negative Emotions, and Level of Criminality Among Chinese Incarcerated Women", *International Journal of Offender Therapy and Comparative Criminology*, Vol. 60, No. 7, 2015, pp. 828 – 846.

55.400%，因子载荷量在 0.676—0.838 之间，提取公因子情况与问卷设计时假设的结构相一致，表明量表的效度尚可；科隆巴赫系数为 0.787，表明经济压力量表每一个题项的内部信度非常好，可以用这些题项测量经济压力。将每个受访者在上述 5 个问题上的得分相加，得出一个总分，得分越高表明其经历了越大的经济压力。

表 3 - 4 　　　　经济压力的因子分析和信度分析（N = 1518）

问题	1
（1）没钱付清水、电、煤气费	0.838
（2）需要去医院看病，但是没钱付医药费	0.754
（3）因为没钱付电话费而停机	0.749
（4）没有足够的钱付清房租和房屋贷款	0.694
（5）因为没有足够的钱清房租和房屋贷款，被赶出门	0.676
特征值	2.770
解释变异量（%）	55.400
Cronbach's α 系数	0.787

注：KMO 值为 0.821，Bartlett 球形检验显著，P < 0.01；因素抽取方法值：主成分分析法；旋转方法：正交旋转。

2. 被害经历

参考了 Eitle 等学者于 2013 年发表的《一般紧张理论与犯罪行为：将一个流行的解释应用于美国印第安青少年》[1] 一文中使用的量表，以及 Ren 等学者于 2016 年发表的《犯罪亚文化与中国未成年犯对警察的态度》[2] 一文中使用的量表，并对上述量表进行了简单的修订，最终形成的量表包括 2 个分量表，一个是暴力犯罪被害经历分量表，共有 4 个问题，问受访者在此次被捕前 1 年里，是否有过以下被

---

[1] Eitle D., Eitle T. M., "General Strain Theory and Delinquency: Extending a Popular Explanation to American Indian Youth", *Youth & Society*, Vol. 48, No. 4, 2013, pp. 470 – 495.

[2] Ren Ling, Zhang Hongwei, Zhao Jihong Solomen, Zhao Ruohui, "Delinquent Subculture and Juvenile Offenders Attitudes Toward the Police in China", *Police Quarterly*, Vol. 19, No. 1, 2016, pp. 87 – 110.

害经历：（1）遭人恐吓；（2）被拉扯头发、拳打脚踢、掌掴拍打、推撞绊倒；（3）被人持棍或持刀所伤；（4）遭遇抢劫。另一个是财产犯罪被害经历分量表，包括4个问题，问受访者在此次被捕前1年里，是否有过以下被害经历：（1）在公共场合被偷；（2）有人试图进入你家里偷东西；（3）自行车或电动车被盗；（4）遭遇诈骗。答案为"没有"和"有"，分别记作0和1。两个分量表的科隆巴赫系数分别是0.685、0.557，[①]表明该量表的信度尚可。将受访者在上述问题上的得分分别加总，得出暴力犯罪被害经历总分和财产犯罪被害经历总分，得分越高则表明其曾遭受过越多暴力犯罪、财产犯罪的侵害。

3. 社区解组程度

采用的是刘建宏等学者编制的《吸毒人员调查问卷》中使用的量具，包括10个问题，均是在中国比较常见的问题。问受访者在此次被捕前1年里，居住的小区或村里下列问题的严重程度：（1）垃圾乱放、废物乱丢；（2）户外酗酒滋事；（3）吸食毒品；（4）入室

———————————

① Hinton等学者在2004年出版的《解释SPSS》一书中，指出"学者们对于信度最合适的界限一直存在很大的争议。一个标准是0.70—0.90表明信度非常高，0.50—0.70表明信度中等，0.50以下表明信度较低"。具体参见Hinton P.，Mcmurray I.，Brownlow C. eds.，*SPSS Explained*，New York：Routledge，2004。此外，还有另外两种评价量表信度的方法。第一种方法关注所有的条目是否都收敛为一个因子，通常认为载荷量在0.60以上就是好的；第二种方法是关注题项之间的相关程度。有必要指出科隆巴赫系数取决于多种因素，例如，分析中包括的题项数量。当恒定其他因素时，因子分析中包括的题项数量越少，科隆巴赫系数越低。具体参见Cortina J. M.，"What Is Coefficient Alpha？An Examination of Theory and App. lication"，*Journal of App. lied Psychology*，Vol. 78，No. 1，1993，pp. 98 - 104。为更好地理解因子的信度，可以使用题项之间相关系数的均值来评价条目间的信度。具体参见Tavakol M.，Dennick R.，"Making Sense of Cronbach's Alpha"，*International Journal of Medical Education*，No. 2，2011，pp. 53 - 55。例如，Peterson通过对科隆巴赫系数进行元分析，发现一个因子包括9个条目，题项之间的相关系数均值为0.31，相当于科隆巴赫系数为0.80。具体参见Peterson R. A.，"A Meta-analysis of Cronbach's Coefficient Alpha"，*Journal of Consumer Research*，Vol. 21，No. 2，1994，pp. 381 - 391。对于题项之间的相关系数，普遍接受的范围是0.15—0.50。具体参见Clark L. A.，Watson D.，"Constructing Validity：Basic Issues in Objective Scale Development"，*Psychological Assessment*，Vol. 7，No. 3，1995，pp. 309 - 319。财产犯罪被害经历因子内项目间的相关系数（Inter-item Correlations）为0.24，在可接受的范围之内。

盗窃；（5）警察无理由盘问；（6）不良少年闹事；（7）财物被偷；（8）抢劫；（9）乱涂乱画；（10）损坏公物。采用李克特五点式记分，答案从"非常严重"到"非常不严重"，分别记作1—5。

探索性因子分析结果显示，KMO的值为0.915，Bartlett球形检验卡方值具有统计学意义（P=0.000），表明数据结构适合进行因子分析，系数在0.576—0.817之间。采用主成分与最大方差正交旋转法进行因子分析，提取了1个因子（特征值大于1），能够解释方差总变异量的52.767%，提取公因子情况与问卷设计时假设的结构相一致，表明该量表具有良好的结构效度；科隆巴赫系数为0.899，表明量表信度良好。将每个受访者在上述10个问题上的得分相加，得出一个总分，得分越低表明其居住的小区或村里社会失序、物质失序越严重。

表3-5　　社区解组程度的因子分析和信度分析（N=1518）

问题	1
（1）抢劫	0.817
（2）损坏公物	0.790
（3）入室盗窃	0.784
（4）财物被偷	0.782
（5）不良少年闹事	0.760
（6）乱涂乱画	0.759
（7）吸食毒品	0.701
（8）警察无理由盘问	0.632
（9）户外酗酒滋事	0.619
（10）垃圾乱放、废物乱丢	0.576
特征值	5.277
解释变异量（%）	52.767
Cronbach's α系数	0.899

注：KMO值为0.915，Bartlett球形检验显著，P<0.01；因素抽取方法值：主成分分析法；旋转方法：正交旋转。

4. 负面生活事件

采用的是Eitle等学者于2013年发表的《一般紧张理论与犯罪行

为：将一个流行的解释应用于美国印第安青少年》① 一文中使用的问题，并对其进行了简单的修订，最终包括 9 个问题。问受访者在此次被捕前 1 年里，是否发生过以下变故：（1）父母试图自杀；（2）自己试图自杀；（3）自己分居或离婚；（4）父母亲一方去世；（5）父母一方离家出走；（6）父母亲一方发生重大意外；（7）父母亲重病；（8）自己重病；（9）自己受重伤。答案为"没有"和"有"，分别记作 0 和 1。对负面生活事件题项进行信度分析，所有题项的科隆巴赫系数为 0.498。考虑到该量表的科隆巴赫系数较低，无法将上述问题作为一个量表使用，所以选择将单个问题纳入分析模型。由于描述性分析结果显示受访者在部分题项上的回答频数非常有限，所以最终选择将"试图自杀""重病""受重伤"这三个问题纳入分析模型。

三 控制变量

考虑到以往一些研究发现性别、年龄、婚姻状况、文化程度、就业状况、住房位置等人口背景特征也在不同程度上影响着个体的暴力犯罪行为、财产犯罪行为、毒品犯罪行为，② 所以将上述人口背景特征作为控制变量，纳入分析模型。户籍类型被编码为 0 = 流动人口，1 = 本地居民；性别被编码为 1 = 男，0 = 女；文化程度被编码为 1 = 小学及以下，2 = 初中，3 = 普通高中/职业高中/中专/中等技校，4 = 大专及以上；婚姻状况被编码为 1 = 在婚（包括第一次结婚、再婚），0 = 不在婚（包括未婚、离异、丧偶）；就业状况被编码为 1 = 有稳定工作，0 = 没有稳定工作；住房位置被编码为 1 = 市区，2 = 市郊/城乡接合部，3 = 农村；年龄以受访者此次犯罪时的实际年龄为准，可以消除刑期长短带来的内生性问题。

---

① Eitle D., Eitle T. M., "General Strain Theory and Delinquency: Extending a Popular Explanation to American Indian Youth", *Youth & Society*, Vol. 48, No. 4, 2013, pp. 470 – 495.

② Janssen H. J., Eichelsheim V. I., Dekovi M., et al., "How is Parenting Related to Adolescent Delinquency? A between-and within-person Analysis of the Mediating Role of Self-control, Delinquent Attitudes, Peer Delinquency, and Time Spent in Criminogenic Settings", *European Journal of Criminology*, Vol. 13, No. 2, 2016, pp. 1 – 26.

第五节 数据处理方法

使用 SPSS26.0 统计软件，对定量数据进行探索性因子分析、信度分析、描述性统计、卡方检验、独立样本 T 检验、相关分析以及负二项回归分析。定性数据的分析按照"资料还原""资料展示""得出结论"的步骤进行，对半结构式访谈的录音进行整理和逐字转录，然后以扎根理论作为指引，按照经典的定性研究资料分析方式展开。通过对定性资料的分析，可以进一步支持定量数据的分析结果，深入探讨定量研究中的一些问题，最后得出综合性的研究结论。

第四章 基于定量资料的犯罪行为影响因素析出

第一节 犯罪行为的发生情况

一 全部样本犯罪行为的发生情况

(一)暴力犯罪行为

通过对收集的定量数据进行描述性统计,结果表明全部样本自我报告暴力犯罪行为的均值为 5.59(范围是 4—20)。为更加准确地掌握服刑人员被捕前 1 年里实施各类暴力犯罪行为的情况,分别对受访者在每个问题上的回答进行分析。全部样本中有 21.2% 的受访者报告有过 1 次以上随身携带刀棍、匕首等凶器的行为,14.3% 的受访者报告有过 1 次以上故意伤害他人的行为,20.9% 的受访者报告有过 1 次以上与他人打架并把对方打伤的行为,17.6% 的受访者报告有过 1 次以上打群架的行为(详见表 4-1)。

表 4-1 全部样本暴力犯罪行为的描述性统计分析 (N=1518)

问题	从来没有	1 次	2 次	3—4 次	5 次及以上	均值	标准差	范围
暴力犯罪行为	—	—	—	—	—	5.59	3.34	4—20
(1)随身携带刀棍、匕首等凶器	78.80	6.20	2.80	2.30	9.80	1.58	1.27	1—5
(2)故意伤害他人	85.70	8.60	2.10	0.90	2.60	1.26	0.78	1—5

续表

问题	从来没有	1次	2次	3—4次	5次及以上	均值	标准差	范围
（3）与他人打架并把对方打伤	79.10	11.90	3.60	1.80	3.60	1.39	0.92	1—5
（4）打群架	82.40	9.10	2.50	1.80	4.20	1.36	0.95	1—5

注：表中数值经过四舍五入，其总和可能不等于100%。

（二）财产犯罪行为

全部样本自我报告财产犯罪行为的均值为4.47（范围是4—20）。具体来说，全部样本中有3.6%的受访者报告有过1次以上从商店、超市或购物中心偷东西的行为，4.5%的受访者报告有过1次以上盗窃电动车或者摩托车的行为，6.5%的受访者报告有过1次以上入室盗窃的行为，7.4%的受访者报告有过1次以上抢钱包、手机、首饰等贵重物品的行为（详见表4-2）。

表4-2　全部样本财产犯罪行为的描述性统计分析（N=1518）

问题	从来没有	1次	2次	3—4次	5次及以上	均值	标准差	范围
财产犯罪行为	—	—	—	—	—	4.47	1.53	4—20
（1）从商店、超市或购物中心偷东西	96.40	1.60	0.70	0.50	0.80	1.08	0.46	1—5
（2）盗窃电动车或者摩托车	95.50	2.10	0.40	0.60	1.40	1.10	0.56	1—5
（3）入室盗窃	93.50	3.50	0.70	0.60	1.60	1.13	0.60	1—5
（4）抢钱包、手机、首饰等贵重物品	92.60	3.70	1.20	1.10	1.50	1.15	0.63	1—5

注：表中数值经过四舍五入，其总和可能不等于100%。

（三）毒品犯罪行为

全部样本自我报告毒品犯罪行为的均值为3.29（范围是2—

10）。具体来说，全部样本中有 32.7% 的受访者报告有过 1 次以上买卖毒品的行为，25.8% 的受访者报告有过 1 次以上吸食或注射毒品的行为（详见表 4－3）。

表 4－3 　全部样本毒品犯罪行为的描述性统计分析（N = 1518）

问题	从来没有	1 次	2 次	3—4 次	5 次及以上	均值	标准差	范围
毒品犯罪行为	—	—	—	—	—	3.29	2.15	2—10
（1）买卖毒品	67.30	17.80	3.60	1.40	9.80	1.69	1.25	1—5
（2）吸食或注射毒品	74.20	6.50	8.70	6.70	4.00	1.60	1.14	1—5

注：表中数值经过四舍五入，其总和可能不等于 100%。

　　总的来看，服刑人员自我报告被捕前 1 年里实施暴力犯罪行为、财产犯罪行为、毒品犯罪行为的频数都不算太高，其中毒品犯罪行为的发生率最高，接下来是暴力犯罪行为，最后是财产犯罪行为。

　　上述犯罪行为的频数不高，这似乎有违常理，所以有必要作进一步补充说明。首先，考虑到人们通常不愿将自己的犯罪行为告诉他人，担心会让自己处于极为不利的境地，在研究设计时充分考虑到这一点，进行了如下处理：采取匿名的方式，不要求受访者填写姓名或任何可以确认其身份的信息，并告知是自愿作答，信息保密，承诺调查数据仅用于学术研究，不会交给监狱管理部门或其他政府部门；在受访者填写问卷的过程中，监狱民警只负责维护现场秩序，不参与调查数据的收集工作，旨在尽可能消除受访者的顾虑，按照真实情况填答，确保问卷填写真实有效。

　　其次，此次问卷调查中，还要求服刑人员自我报告此次入监时判决的罪名，描述性统计分析结果表明罪名涉及暴力犯罪的占 20.3%（n=323）；涉及财产犯罪的占 22.0%（n=350）；涉及毒品犯罪的占 34.7%（n=553）；涉及其他罪名的占 23.0%（n=367）。可见，服刑人员自我报告入狱的罪名分布情况与自我报告犯罪行为的分布情况基本一致。

最后，以往国内以监狱服刑人员或未成年犯为调查对象的实证研究也得出了基本一致的结论。例如，郑红丽和罗大华（2009）通过对341名未成年人管教所男性学员（犯罪组）、277名未成年人教养所男性学员（违法组）以及179名男性普通青少年（普通组）进行问卷调查，首先发现普通组、违法组和犯罪组自我报告偏差行为的均值也不算太高，分别为5.50、26.52、32.88（范围0—100）。[①] Zhang等学者（2016）通过对358名男性未成年犯进行问卷调查，首先，发现暴力犯罪行为的均值最高，然后是毒品犯罪行为，最后是财产犯罪行为，分别有58.1%、18.2%、54.7%、42.5%的受访者报告曾实施过一次以上携带武器、收取保护费、打群架、严重伤害他人等暴力犯罪行为，30.7%、23.2%的受访者报告曾实施过一次以上吸食毒品、买卖毒品等毒品犯罪行为，10.6%、6.1%、9.5%、2.8%、7.5%的受访者报告曾实施过一次以上商店行窃、盗窃自行车、盗窃踏板车、盗窃汽车、盗窃车内贵重物品等财产犯罪行为。[②] 金诚（2017）研究发现城市人、城镇人、城市中的城镇人、本地农民工、农民工一代、新生代农民工、农民七类群体自我报告犯罪行为的均值在1.46—2.06之间（范围0—16）。[③] 郑红丽和郭开元（2017）通过对上海、成都等多地未成年人管教所学生和普通中学生进行问卷调查，发现犯罪组自我报告偏差行为的均值为38.85（范围0—125），普通青少年自我报告偏差行为的均值为27.27，犯罪组的偏差行为显著高于普通组。[④] 因此，该研究发现基本上是合理且可靠的。

---

①　郑红丽、罗大华：《低自我控制与家庭社会经济地位在青少年犯罪中的作用——我国青少年犯罪成因实证研究初探》，《青年研究》2009年第3期。

②　Zhang Hongwei, Zhao Jihong Solomen, Ren Ling, Zhao Ruohui, "Subculture, Gang Involvement, and Delinquency: A Study of Incarcerated Youth in China", *Justice Quarterly*, Vol. 34, No. 6, 2016, pp. 952 – 977.

③　金诚：《新生代农民工犯罪群体与代际差异研究》，《社会科学战线》2017年第7期。

④　郑红丽、郭开元：《青少年犯罪个体因素及预防指标分析》，《中国青年研究》2017年第5期。

二　分样本犯罪行为的发生情况

(一) 暴力犯罪行为

按照服刑人员的户籍类型，将全部样本拆分为本地居民样本和流动人口样本。服刑人员中的本地居民样本和流动人口样本自我报告暴力犯罪行为的均值分别为 5.66 和 5.46，本地居民自我报告暴力犯罪行为的均值略高于流动人口，但独立样本 T 检验结果表明上述差异不具有统计学意义 （T = -1.137，P = 0.256）。具体来说，有 21.4%的本地居民、20.7%的流动人口报告有过 1 次以上随身携带刀棍、匕首等凶器的行为；15.2%的本地居民、12.7%的流动人口报告有过 1次以上故意伤害他人的行为；22.0%的本地居民、18.9%的流动人口报告有过 1 次以上与他人打架并把对方打伤的行为；18.4%的本地居民、16.1%的流动人口报告有过 1 次以上打群架的行为。但独立样本T 检验结果表明服刑人员中本地居民与流动人口在上述 4 种暴力犯罪行为上的差异并不显著 （详见表 4 - 4）。

表 4 - 4　　　**暴力犯罪行为的描述性统计分析** （N = 1518）

问题		从来没有	1 次	2 次	3—4 次	5 次及以上	均值	标准差	T	P
暴力犯罪行为	本地居民	—	—	—	—	—	5.66	3.41	-1.137	0.256
	流动人口	—	—	—	—	—	5.46	3.21		
(1) 随身携带刀棍、匕首等凶器	本地居民	78.60	5.90	2.70	2.50	10.30	1.60	1.30	-0.822	0.411
	流动人口	79.30	6.70	3.00	1.90	9.00	1.55	1.23		
(2) 故意伤害他人	本地居民	84.80	9.50	1.70	1.10	2.90	1.28	0.81	-1.227	0.220
	流动人口	87.30	7.10	3.00	0.70	1.90	1.23	0.72		

续表

问题		从来没有	1次	2次	3—4次	5次及以上	均值	标准差	T	P
（3）与他人打架并把对方打伤	本地居民	78.00	12.50	3.90	1.50	4.10	1.41	0.95	-1.426	0.154
	流动人口	81.10	11.00	3.00	2.30	2.70	1.34	0.86		
（4）打群架	本地居民	81.60	9.60	2.50	2.20	4.10	1.38	0.95	0.700	0.484
	流动人口	83.90	8.10	2.30	1.20	4.40	1.34	0.94		

注：表中流动人口、本地居民分别代表服刑人员中的流动人口、服刑人员中的本地居民；表中数值经过四舍五入，其总和可能不等于100%；* p < 0.05；** p < 0.01；*** p < 0.001。

（二）财产犯罪行为

服刑人员中的本地居民样本和流动人口样本自我报告财产犯罪行为的均值分别为4.46和4.49，流动人口自我报告财产犯罪行为的均值略高于本地居民，但独立样本T检验结果同样表明上述差异不具有统计学意义（T = 0.452，P = 0.652）。具体来说，有3.4%的本地居民、3.9%的流动人口报告有过1次以上从商店、超市或购物中心偷东西的行为；3.9%的本地居民、5.5%的流动人口报告有过1次以上盗窃电动车或者摩托车的行为；6.8%的本地居民、6.0%的流动人口报告有过1次以上入室盗窃的行为；7.4%的本地居民、7.4%的流动人口报告有过1次以上抢钱包、手机、首饰等贵重物品的行为。但独立样本T检验结果表明服刑人员中本地居民与流动人口在上述4种财产犯罪行为上的差异并不显著（详见表4 - 5）。

表4-5　　　　　财产犯罪行为的描述性统计分析（N=1518）

问题		从来没有	1次	2次	3—4次	5次及以上	均值	标准差	T	P
财产犯罪行为	本地居民	—	—	—	—	—	4.46	1.42	0.452	0.652
	流动人口	—	—	—	—	—	4.49	1.70		
（1）从商店、超市或购物中心偷东西	本地居民	96.60	1.40	0.60	0.70	0.80	1.08	0.47	0.029	0.977
	流动人口	96.10	2.00	0.90	0.20	0.90	1.08	0.46		
（2）盗窃电动车或者摩托车	本地居民	96.10	1.40	0.50	0.50	1.60	1.10	0.56	0.240	0.810
	流动人口	94.50	3.40	0.20	0.70	1.20	1.11	0.54		
（3）入室盗窃	本地居民	93.20	4.00	0.80	0.50	1.50	1.13	0.58	0.385	0.700
	流动人口	94.00	2.70	0.50	0.90	1.90	1.14	0.65		
（4）抢钱包、手机、首饰等贵重物品	本地居民	92.60	3.70	1.40	1.10	1.30	1.15	0.61	0.447	0.655
	流动人口	92.60	3.50	0.90	1.10	1.90	1.16	0.67		

注：表中流动人口、本地居民分别代表服刑人员中的流动人口、服刑人员中的本地居民；表中数值经过四舍五入，其总和可能不等于100%；* p<0.05；** p<0.01；*** p<0.001。

（三）毒品犯罪行为

服刑人员中的本地居民样本和流动人口样本自我报告毒品犯罪行为的均值分别为3.35和3.18，本地居民自我报告毒品犯罪行为的均值略高于流动人口，但独立样本T检验结果表明上述差异不具有统计学意义（T=-1.504，P=0.133）。具体来说，有31.5%的本地居民、34.8%的流动人口报告有过1次以上买卖毒品的行为；27.0%的本地居民、23.8%的流动人口报告有过1次以上吸食或注射毒品的行为。但独立样本 T 检验结果表明服刑人员中本地居民与流动人口在上述 2 种毒品犯罪行为上的差异并不显著（详见表 4 − 6）。

表 4 − 6　　**毒品犯罪行为的描述性统计分析**（N = 1518）

问题		从来没有	1 次	2 次	3—4 次	5 次及以上	均值	标准差	T	P
毒品犯罪行为	本地居民	—	—	—	—	—	3.35	2.27	− 1.504	0.133
	流动人口	—	—	—	—	—	3.18	1.93		
（1）买卖毒品	本地居民	68.50	15.70	3.50	1.50	10.90	1.71	1.29	− 0.846	0.398
	流动人口	65.20	21.70	3.70	1.40	8.00	1.65	1.16		
（2）吸食或注射毒品	本地居民	73.00	6.80	8.50	6.80	4.90	1.64	1.18	− 1.862	0.063
	流动人口	76.20	5.90	8.90	6.60	2.30	1.53	1.05		

注：表中流动人口、本地居民分别代表服刑人员中的流动人口、服刑人员中的本地居民；表中数值经过四舍五入，其总和可能不等于 100%；* $p < 0.05$；** $p < 0.01$；*** $p < 0.001$。

综上所述，被捕前 1 年里，服刑人员中流动人口没有比本地居民实施更多的暴力犯罪行为、财产犯罪行为、毒品犯罪行为。

第二节　自变量的描述性统计

一　自我控制水平

表 4 − 7 提供了全部样本、本地居民和流动人口两个分样本自我控制水平五个维度的描述性统计和独立样本 T 检验的分析结果。

全部样本冲动维度的均值为 7.80（范围是 3—15），本地居民样本和流动人口样本的均值分别为 7.90 和 7.60，本地居民样本的均值高于流动人口样本，经独立样本 T 检验发现上述差异具有统计学意义（T＝2.049，P＝0.041），表明服刑人员中的本地居民比流动人口更容易冲动。

全部样本简单任务的偏好维度的均值为5.49（范围是2—10），本地居民样本和流动人口样本简单任务的偏好维度的均值分别为5.53和5.41，本地居民样本的均值高于流动人口样本，但经独立样本T检验发现上述差异不具有统计学意义（T＝－1.217，P＝0.224），服刑人员中的本地居民没有比流动人口更偏好简单任务。

全部样本冒险维度的均值为4.52（范围是2—10），本地居民样本和流动人口样本冒险维度的均值分别为4.57和4.44，本地居民的均值高于流动人口样本，经独立样本T检验发现上述差异不具有统计学意义（T＝－1.391，P＝0.164），表明服刑人员中的本地居民没有比流动人口更偏好冒险。

全部样本以自我为中心维度的均值为4.52（范围是2—10），本地居民样本和流动人口样本以自我为中心维度的均值分别为4.59和4.40，本地居民的均值高于流动人口样本，经独立样本T检验发现上述差异具有统计学意义（T＝－2.145，P＝0.032），服刑人员中的本地居民比流动人口更喜欢以自我为中心。

全部样本反复无常的脾气维度的均值为5.71（范围是2—10），本地居民样本和流动人口样本反复无常的脾气维度的均值分别为5.79和5.57，本地居民样本的均值高于流动人口样本，经独立样本T检验发现上述差异具有统计学意义（T＝－2.142，P＝0.032），服刑人员中的本地居民比流动人口的脾气更容易反复无常。

表4－7　　　　自我控制变量的描述性统计分析（N＝1518）

变量	全部样本		本地居民		流动人口		最小值	最大值	T	P
	均值	标准差	均值	标准差	均值	标准差				
自我控制	—	—	—	—	—	—	—	—	—	—
冲动	7.80	2.81	7.90	2.86	7.60	2.70	3	15	－2.049 *	0.041
简单任务的偏好	5.49	1.81	5.53	1.81	5.41	1.82	2	10	－1.217	0.224
冒险	4.52	1.69	4.57	1.69	4.44	1.68	2	10	－1.391	0.164

变量	全部样本		本地居民		流动人口		最小值	最大值	T	P
	均值	标准差	均值	标准差	均值	标准差				
以自我为中心	4.52	1.69	4.59	1.70	4.40	1.65	2	10	-2.145*	0.032
反复无常的脾气	5.71	1.92	5.79	1.97	5.57	1.83	2	10	-2.142*	0.032

注：表中流动人口、本地居民分别代表服刑人员中的流动人口、服刑人员中的本地居民；$^*p < 0.05$；$^{**}p < 0.01$；$^{***}p < 0.001$。

二 与违法同伴交往

如表 4-8 所示，61.0% 的服刑人员报告在此次被捕前 1 年里交往的亲密朋友中有违法犯罪者或因违法犯罪被公安机关逮捕者。61.5% 的本地居民和 60.0% 的流动人口报告曾与违法同伴交往，本地居民结交违法同伴的比例略高于流动人口，但卡方检验结果表明上述差异不具有统计学意义（$X^2 = 0.332$，$P = 0.588$），表明服刑人员中本地居民结交违法同伴的比例没有显著高于流动人口。

表 4-8　　与违法同伴交往变量的描述性统计分析（$N = 1518$）

变量	全部样本		本地居民		流动人口		最小值	最大值	X^2	P
	均值	标准差	均值	标准差	均值	标准差				
与违法同伴交往	—	—	—	—	—	—			0.332	0.588
是 = 1	61.0%		61.5%		60.0%		—	—	—	—
否 = 0	39.0%		38.5%		40.0%		—	—	—	—

注：表中流动人口、本地居民分别代表服刑人员中的流动人口、服刑人员中的本地居民；$^*p < 0.05$；$^{**}p < 0.01$；$^{***}p < 0.001$。

三 紧张

如表 4-9 所示，全部样本经济压力变量的均值为 1.02（范围是 0—5），本地居民样本和流动人口样本的均值都是 1.02，服刑人员中本地居民与流动人口在经历的经济压力上不存在显著差异（$T = 0.016$，$P = 0.987$）。

全部样本暴力犯罪被害经历变量的均值为 0.47（范围是 0—4），本地居民样本和流动人口样本的均值分别为 0.47 和 0.48，流动人口样本的均值略高于本地居民样本，但是经独立样本 T 检验发现上述差异不具有统计学意义（T = 0.176，P = 0.860）。

全部样本财产犯罪被害经历变量的均值为 0.93（范围是 0—4），本地居民样本和流动人口样本的均值分别为 0.88 和 1.04，流动人口的均值高于本地居民样本，经独立样本 T 检验发现上述差异具有统计学意义（T = 2.822，P = 0.005），服刑人员中流动人口比本地居民遭受过更多财产犯罪的侵害。

全部样本社区解组程度变量的均值为 35.32（范围是 10—50），本地居民样本和流动人口样本的均值分别为 35.27 和 35.41，本地居民样本的均值略低于流动人口样本，但经独立样本 T 检验发现上述差异不具有统计学意义（T = 0.326，P = 0.744）。

全部样本中有 15.1% 的服刑人员报告被捕前 1 年里曾试图自杀，15.5% 的本地居民和 14.3% 的流动人口报告被捕前 1 年里曾试图自杀，本地居民试图自杀的比例高于流动人口，但卡方检验的结果表明上述差异不具有统计学意义（X^2 = 0.411，P = 0.559）。

全部样本中有 10.8% 的服刑人员报告被捕前 1 年里曾生过重病，11.1% 的本地居民和 10.2% 的流动人口报告被捕前 1 年里曾生过重病，本地居民曾生过重病的比例高于流动人口，但卡方检验的结果表明上述差异不具有统计学意义（X^2 = 0.289，P = 0.614）。

全部样本中有 16.4% 的服刑人员报告被捕前 1 年里曾受过重伤，16.6% 的本地居民和 16.1% 的流动人口报告被捕前 1 年里曾受过重伤，本地居民受重伤的比例略高于流动人口，但卡方检验的结果表明上述差异不具有统计学意义（X^2 = 0.069，P = 0.832）。

总的来说，与服刑人员中本地居民相比，流动人口除遭受过更多财产犯罪的侵害之外，并没有比本地居民经历其他更高强度的紧张事件和情形。

表 4 - 9　　　　　紧张变量的描述性统计分析（N = 1518）

变量	全部样本		本地居民		流动人口		最小值	最大值	T/ X²	P
	均值	标准差	均值	标准差	均值	标准差				
紧张	—	—	—	—	—	—	—	—	—	—
经济压力	1.02	1.46	1.02	1.43	1.02	1.50	0	5	T = 0.016	0.987
暴力犯罪被害经历	0.47	0.93	0.47	0.93	0.48	0.91	0	4	T = 0.176	0.860
财产犯罪被害经历	0.93	1.10	0.88	1.07	1.04	1.14	0	4	T = 2.822**	0.005
社区解组程度	35.32	8.18	35.27	8.13	35.41	8.27	10	50	T = 0.326	0.744
负面生活事件	—	—	—	—	—	—	—	—	—	—
试图自杀	—	—	—	—	—	—	—	—	X² = 0.411	0.559
是 = 1	15.1%		15.5%		14.3%		—	—	—	—
否 = 0	84.9%		84.5%		85.7%		—	—	—	—
重病	—	—	—	—	—	—	—	—	X² = 0.289	0.614
是 = 1	10.8%		11.1%		10.2%		—	—	—	—
否 = 0	89.2%		88.9%		89.8%		—	—	—	—
受重伤	—	—	—	—	—	—	—	—	X² = 0.069	0.832
是 = 1	16.4%		16.6%		16.1%		—	—	—	—
否 = 0	83.6%		83.4%		83.9%		—	—	—	—

注：表中流动人口、本地居民分别代表服刑人员中的流动人口、服刑人员中的本地居民；* p < 0.05；** p < 0.01；*** p < 0.001。

四　人口背景特征

如表 4 - 10 所示，全部样本中本地居民 973 人（占 64.4%），流动人口 545 人（占 35.6%）。

全部样本中男性占 58.6%，本地居民样本和流动人口样本中男性分别占 58.4% 和 58.8%，但是卡方检验结果表明服刑人员中本地居民与流动人口在性别分布上的差异不具有统计学意义（X² = 0.031，P = 0.873）。

全部样本中小学及以下、初中、普通高中/职业高中/中专/中等技校、大专及以上文化程度者分别占 26.8%、46.2%、15.9%、

11.1%，本地居民样本中小学及以下、初中、普通高中/职业高中/中专/中等技校、大专及以上文化程度分别占 26.2%、43.9%、17.1%、12.8%，流动人口样本中小学及以下、初中、普通高中/职业高中/中专/中等技校、大专及以上文化程度分别占 27.7%、50.3%、13.9%、8.2%，卡方检验结果表明服刑人员中本地居民与流动人口在文化程度分布上的差异具有统计学意义（$X^2 = 12.809$，$P = 0.005$），服刑人员中流动人口的文化程度显著低于本地居民。

全部样本中在婚者占 39.6%（包括第一次结婚、再婚），不在婚者占 60.4%（包括未婚、离婚、丧偶），本地居民样本和流动人口样本中在婚者分别占 38.7% 和 41.2%，卡方检验结果表明服刑人员中本地居民与流动人口在婚姻状况分布上的差异不具有统计学意义（$X^2 = 0.919$，$P = 0.362$）。

全部样本中在此次被捕前 1 年里有稳定工作的占 38.5%，本地居民样本和流动人口样本中有稳定工作的分别占 37.2% 和 40.9%，卡方检验结果表明服刑人员中本地居民与流动人口在就业状况分布上的差异不具有统计学意义（$X^2 = 2.122$，$P = 0.146$）。

全部样本中居住在市区、市郊/城乡接合部、农村的分别占 44.7%、26.8%、28.5%，本地居民样本中居住在市区、市郊/城乡接合部、农村的分别占 43.3%、22.7%、33.9%，流动居民样本中居住在市区、市郊/城乡接合部、农村的分别占 47.2%、34.0%、18.8%，卡方检验结果表明服刑人员中本地居民与流动人口在住房位置分布上的差异具有统计学意义（$X^2 = 47.506$，$P = 0.000$），与服刑人员中的本地居民相比，流动人口居住在市区和市郊/城乡接合部的比例更高。

全部样本犯罪时的年龄均值为 31.88 岁，本地居民样本和流动人口样本犯罪时的年龄均值分别为 32.72 岁和 30.36 岁，独立样本 T 检验结果表明服刑人员中本地居民与流动人口在犯罪时的年龄上的差异具有统计学意义（$T = -4.488$，$P = 0.000$），服刑人员中的流动人口犯罪时的年龄比本地居民小。

表4-10　　　　人口背景特征变量的描述性统计分析（N=1518）

变量	全部样本		本地居民		流动人口		最小值	最大值	T/X²	P
	均值	标准差	均值	标准差	均值	标准差				
户籍类型							0	1		
流动人口=1	35.6%									
本地居民=0	64.4%									
性别							0	1	X²=0.031	0.873
男=1	58.6%		58.4%		58.8%					
女=0	41.4%		41.6%		41.2%					
文化程度							1	4	X²=12.809**	0.005
小学及以下=1	26.8%		26.2%		27.7%					
初中=2	46.2%		43.9%		50.3%					
普通高中/职业高中/中专/中等技校=3	15.9%		17.1%		13.9%					
大专及以上=4	11.1%		12.8%		8.2%					
婚姻状况							0	1	X²=0.919	0.362
在婚=1	39.6%		38.7%		41.2%					
不在婚=0	60.4%		61.3%		58.8%					
就业状况							0	1	X²=2.122	0.146
有稳定工作=1	38.5%		37.2%		40.9%					
无稳定工作=0	61.5%		62.8%		59.1%					
住房位置							1	3	X²=47.506***	0.000
市区=1	44.7%		43.3%		47.2%					
市郊/城乡结合部=2	26.8%		22.7%		34.0%					
农村=3	28.5%		33.9%		18.8%					

续表

变量	全部样本		本地居民		流动人口		最小值	最大值	T/ X²	P
	均值	标准差	均值	标准差	均值	标准差				
犯罪时的年龄	31.88	10.07	32.72	10.42	30.36	9.21	15	63	T = −4.488***	0.000

注：表中流动人口、本地居民分别代表服刑人员中的流动人口、服刑人员中的本地居民；* p < 0.05；** p < 0.01；*** p < 0.001。

第三节 相关性分析

一 全部样本

在进行回归分析之前，首先使用皮尔森相关分析（pearson correlations）来检验自我控制水平、与违法同伴交往、紧张以及人口背景特征与三种犯罪行为之间的相关性（详见表4－11），结果表明自我报告暴力犯罪行为与冲动、简单任务的偏好、冒险、以自我为中心、反复无常的脾气、与违法同伴交往、暴力犯罪被害经历、财产犯罪被害经历、试图自杀、受重伤、性别呈显著正相关关系，也就是说越容易冲动（$r = 0.166$，$p < 0.01$），越偏好简单任务（$r = 0.051$，$p < 0.05$），越喜欢冒险（$r = 0.189$，$p < 0.01$），越以自我为中心（$r = 0.232$，$p < 0.01$），脾气越反复无常（$r = 0.225$，$p < 0.01$），与违法同伴交往（$r = 0.271$，$p < 0.01$），遭受过越多暴力犯罪的侵害（$r = 0.309$，$p < 0.01$），遭受过越多财产犯罪的侵害（$r = 0.093$，$p < 0.01$），曾试图自杀（$r = 0.128$，$p < 0.01$），受过重伤（$r = 0.163$，$p < 0.01$），男性（$r = 0.261$，$p < 0.01$）服刑人员，自我报告被捕前1年里实施了越多暴力犯罪行为；与社区解组程度、犯罪时的年龄、婚姻状况、就业状况、文化程度等变量呈显著负相关关系，也就是说居住的小区或村里社会失序和物质失序越严重（$r = -0.176$，$p < 0.01$）、犯罪时的年龄越小（$r = -0.336$，$p < 0.01$）、不在婚（$r = -0.197$，$p < 0.01$）、没有稳定工作（$r = -0.128$，$p < 0.01$）、文化程度越低（$r = -0.105$，$p < 0.01$）的服刑人员，自我报告被捕前1年里实施了越多暴力犯罪行为。

表 4 - 11　　全部样本自变量与暴力犯罪行为的相关性分析（N = 1518）

变量	暴力犯罪行为
自我控制	—
冲动	0.166 **
简单任务的偏好	0.051 *
冒险	0.189 **
以自我为中心	0.232 **
反复无常的脾气	0.225 **
社会学习	—
与违法同伴交往	0.271 **
紧张	—
经济压力	0.039
暴力犯罪被害经历	0.309 **
财产犯罪被害经历	0.093 **
社区解组程度	− 0.176 **
试图自杀	0.128 **
重病	0.042
受重伤	0.163 **
人口背景特征	—
性别	0.261 **
犯罪时的年龄	− 0.336 **
婚姻状况（不在婚 = 参照组）	− 0.197 **
就业状况（无稳定工作 = 参照组）	− 0.128 **
文化程度	− 0.105 **
住房位置（农村 = 参照组）	—
市区	− 0.008
市郊区/城乡接合部	0.045
户籍类型（流动人口 = 参照组）	0.029

注：* p < 0.05；** p < 0.01；*** p < 0.001。

如表 4 - 12 所示，财产犯罪行为与冲动、简单任务的偏好、冒险、以自我为中心、反复无常的脾气、与违法同伴交往、经济压力、暴力犯罪被害经历、财产犯罪被害经历、试图自杀、受重伤、性别呈显著正相关关系，也就是说越容易冲动（$r=0.120$，$p<0.01$），越偏好简单任务（$r=0.088$，$p<0.01$），越喜欢冒险（$r=0.122$，$p<0.01$），越以自我为中心（$r=0.129$，$p<0.01$），脾气越反复无常（$r=0.131$，$p<0.01$），与违法同伴交往（$r=0.164$，$p<0.01$），经历了越大的经济压力（$r=0.125$，$p<0.01$），遭受过越多暴力犯罪的侵害（$r=0.219$，$p<0.01$），遭受过越多财产犯罪的侵害（$r=0.097$，$p<0.01$），曾试图自杀（$r=0.125$，$p<0.01$），受过重伤（$r=0.096$，$p<0.01$），男性（$r=0.167$，$p<0.01$）服刑人员，自我报告被捕前1年里实施了越多财产犯罪行为；与社区解组程度、犯罪时的年龄、婚姻状况、就业状况、文化程度、居住在市区等变量呈显著负相关关系，也就是说居住的小区或村里社会失序和物质失序越严重（$r=-0.093$，$p<0.01$）、犯罪时的年龄越小（$r=-0.191$，$p<0.01$）、不在婚（$r=-0.139$，$p<0.01$）、没有稳定工作（$r=-0.108$，$p<0.01$）、文化程度越低（$r=-0.105$，$p<0.01$）、居住在农村（$r=-0.055$，$p<0.05$）的服刑人员，自我报告被捕前1年里实施了越多财产犯罪行为。

表4-12　　全部样本自变量与财产犯罪行为的相关性分析（N = 1518）

变量	财产犯罪行为
自我控制	—
冲动	0.120 **
简单任务的偏好	0.088 **
冒险	0.122 **
以自我为中心	0.129 **
反复无常的脾气	0.131 **
社会学习	—
与违法同伴交往	0.164 **
紧张	—

续表

变量	财产犯罪行为
经济压力	0.125 **
暴力犯罪被害经历	0.219 **
财产犯罪被害经历	0.097 **
社区解组程度	− 0.093 **
试图自杀	0.125 **
重病	0.021
受重伤	0.096 **
人口背景特征	—
性别	0.167 **
犯罪时的年龄	− 0.191 **
婚姻状况（不在婚 = 参照组）	− 0.139 **
就业状况（无稳定工作 = 参照组）	− 0.108 **
文化程度	− 0.105 **
住房位置（农村 = 参照组）	—
市区	− 0.055 *
市郊区/城乡接合部	0.043
户籍类型（流动人口 = 参照组）	− 0.011

注：* p < 0.05；** p < 0.01；*** p < 0.001。

如表 4 - 13 所示，毒品犯罪行为与冲动、简单任务的偏好、冒险、以自我为中心、反复无常的脾气、与违法同伴交往、经济压力、试图自杀、重病、受重伤、居住在市区呈显著正相关关系，也就是说也就是说越容易冲动（r = 0.179，p < 0.01），越偏好简单任务（r = 0.119，p < 0.01），越喜欢冒险（r = 0.065，p < 0.01），越以自我为中心（r = 0.098，p < 0.01），脾气越反复无常（r = 0.144，p < 0.01），与违法同伴交往（r = 0.319，p < 0.01），经历了越大的经济压力（r = 0.061，p < 0.05），曾试图自杀（r = 0.129，p < 0.01），重病（r = 0.061，p < 0.05），受过重伤（r = 0.049，p < 0.05）服刑人员，自我报告被捕前 1 年里实施了越多毒品犯罪行为；与性别、就业状况、文化程度等变量呈显著负相关关系，也就是说女性（r = − 0.177，p < 0.01），没有稳定工作（r = − 0.243，p < 0.01），文化程

度越低（$r = -0.052$，$p < 0.01$）的服刑人员，自我报告被捕前 1 年里实施了越多毒品犯罪行为。

表 4 – 13　　全部样本自变量与毒品犯罪行为的相关性分析（N = 1518）

变量	毒品犯罪行为
自我控制	—
冲动	0.179 **
简单任务的偏好	0.119 **
冒险	0.065 **
以自我为中心	0.098 **
反复无常的脾气	0.144 **
社会学习	—
与违法同伴交往	0.319 **
紧张	—
经济压力	0.061 *
暴力犯罪被害经历	0.008
财产犯罪被害经历	0.041
社区解组程度	– 0.026
试图自杀	0.129 **
重病	0.061 *
受重伤	0.049 *
人口背景特征	—
性别	– 0.177 **
犯罪时的年龄	0.045
婚姻状况（不在婚 = 参照组）	– 0.019
就业状况（无稳定工作 = 参照组）	– 0.243 **
文化程度	– 0.052 *
住房位置（农村 = 参照组）	—
市区	0.161 **
市郊区/城乡接合部	– 0.030
户籍类型（流动人口 = 参照组）	0.036

注：* $p < 0.05$；** $p < 0.01$；*** $p < 0.001$。

二　分样本

(一)　暴力犯罪行为

表 4 – 14 提供了本地居民样本和流动人口样本暴力犯罪行为与所有自变量之间的皮尔森相关系数，结果表明服刑人员中本地居民自我报告暴力犯罪行为与冲动、冒险、以自我为中心、反复无常的脾气、与违法同伴交往、暴力犯罪被害经历、财产犯罪被害经历、试图自杀、受重伤、性别、居住在市郊区/城乡接合部呈显著正相关关系，也就是说越容易冲动（$r = 0.187$，$p < 0.01$），越喜欢冒险（$r = 0.223$，$p < 0.01$），越以自我为中心（$r = 0.258$，$p < 0.01$），脾气越反复无常（$r = 0.271$，$p < 0.01$），与违法同伴交往（$r = 0.285$，$p < 0.01$），遭受过越多暴力犯罪侵害（$r = 0.295$，$p < 0.01$），遭受过越多财产犯罪的侵害（$r = 0.109$，$p < 0.01$），曾试图自杀（$r = 0.130$，$p < 0.01$），受过重伤（$r = 0.159$，$p < 0.01$），男性（$r = 0.273$，$p < 0.01$），居住在市郊区/城乡接合部（$r = 0.102$，$p < 0.01$）的本地户籍服刑人员，自我报告被捕前 1 年里实施了越多暴力犯罪行为；与社区解组程度、犯罪时的年龄、婚姻状况、就业状况、文化程度等变量呈显著负相关关系，也就是说居住的小区或村里社会失序和物质失序越严重（$r = -0.171$，$p < 0.01$）、犯罪时的年龄越小（$r = -0.364$，$p < 0.01$）、不在婚（$r = -0.213$，$p < 0.01$）、没有稳定工作（$r = -0.163$，$p < 0.01$）、文化程度越低（$r = -0.116$，$p < 0.01$）的本地户籍服刑人员，自我报告被捕前 1 年里实施了越多暴力犯罪行为。

服刑人员中流动人口自我报告暴力犯罪行为与冲动、冒险、以自我为中心、反复无常的脾气、与违法同伴交往、暴力犯罪被害经历、试图自杀、受重伤、性别呈显著正相关关系，也就是说越容易冲动（$r = 0.121$，$p < 0.01$），越喜欢冒险（$r = 0.121$，$p < 0.01$），越以自我为中心（$r = 0.178$，$p < 0.01$），脾气越反复无常（$r = 0.124$，$p < 0.01$），与违法同伴交往（$r = 0.244$，$p < 0.01$），遭受过越多暴力犯罪侵害（$r = 0.337$，$p < 0.01$），曾试图自杀（$r = 0.122$，$p < 0.01$），受过重伤（$r = 0.171$，$p < 0.01$），男性（$r = 0.240$，$p < 0.01$）非本

地户籍服刑人员,自我报告被捕前 1 年里实施了越多暴力犯罪行为;与社区解组程度、犯罪时的年龄、婚姻状况、文化程度等变量呈显著负相关关系,也就是说居住的小区或村里社会失序和物质失序越严重($r = -0.185$,$p < 0.01$)、犯罪时的年龄越小($r = -0.294$,$p < 0.01$)、不在婚($r = -0.165$,$p < 0.01$)、文化程度越低($r = -0.090$,$p < 0.05$)的非本地户籍服刑人员,自我报告被捕前 1 年里实施了越多暴力犯罪行为。

对服刑人员中本地居民与流动人口自我报告暴力犯罪行为与所有自变量之间的相关性进行对比分析,发现冲动、冒险、以自我为中心、反复无常的脾气、与违法同伴交往、暴力犯罪被害经历、社区解组程度、试图自杀、受重伤、性别、犯罪时的年龄、婚姻状况、文化程度与两组人群暴力犯罪行为均存在显著相关关系;财产犯罪被害经历、就业状况、居住在市郊/城乡接合部仅与服刑人员中本地居民暴力犯罪行为存在显著相关关系。

表 4 - 14   分样本自变量与暴力犯罪行为的相关性分析 (N = 1518)

变量	本地居民 (n = 973)	流动人口 (n = 545)
自我控制	—	—
冲动	0.187 **	0.121 **
简单任务的偏好	0.041	0.068
冒险	0.223 **	0.121 **
以自我为中心	0.258 **	0.178 **
反复无常的脾气	0.271 **	0.124 **
社会学习	—	—
与违法同伴交往	0.285 **	0.244 **
紧张	—	—
经济压力	0.059	0.003
暴力犯罪被害经历	0.295 **	0.337 **
财产犯罪被害经历	0.109 **	0.072
社区解组程度	- 0.171 **	- 0.185 **
试图自杀	0.130 **	0.122 **

续表

变量	本地居民（n=973）	流动人口（n=545）
重病	0.041	0.042
受重伤	0.159**	0.171**
人口背景特征	—	—
性别	0.273**	0.240**
犯罪时的年龄	−0.364**	−0.294**
婚姻状况（不在婚=参照组）	−0.213**	−0.165**
就业状况（无稳定工作=参照组）	−0.163**	−0.058
文化程度	−0.116**	−0.090*
住房位置（农村=参照组）	—	—
市区	−0.029	0.036
市郊区/城乡接合部	0.102**	−0.040

注：表中流动人口、本地居民分别代表服刑人员中的流动人口、服刑人员中的本地居民；$^*p<0.05$；$^{**}p<0.01$；$^{***}p<0.001$。

（二）财产犯罪行为

表4-15 提供了本地居民样本和流动人口样本自我报告财产犯罪行为与所有自变量之间的皮尔森相关系数，结果表明服刑人员中本地居民财产犯罪行为与冲动、简单任务的偏好、冒险、以自我为中心、反复无常的脾气、与违法同伴交往、经济压力、暴力犯罪被害经历、财产犯罪被害经历、试图自杀、受重伤、性别呈显著正相关关系，也就是说越容易冲动（$r=0.106$，$p<0.01$），越偏好简单任务（$r=0.077$，$p<0.05$），越喜欢冒险（$r=0.132$，$p<0.01$），越以自我为中心（$r=0.152$，$p<0.01$），脾气越反复无常（$r=0.159$，$p<0.01$），与违法同伴交往（$r=0.186$，$p<0.01$），经济压力越大（$r=0.147$，$p<0.01$），遭受过越多暴力犯罪侵害（$r=0.242$，$p<0.01$），遭受过越多财产犯罪的侵害（$r=0.124$，$p<0.01$），曾试图自杀（$r=0.142$，$p<0.01$），受过重伤（$r=0.085$，$p<0.01$），男性（$r=0.160$，$p<0.01$）的本地户籍服刑人员，自我报告被捕前 1 年里实施了越多财产犯罪行为；与社区解组程度、犯罪时的年龄、婚姻状况、就业状况、文化程度等变量呈显著负相关关系，也就是说居住的

小区或村里社会失序和物质失序越严重（$r = -0.088$，$p < 0.01$）、犯罪时的年龄越小（$r = -0.198$，$p < 0.01$）、不在婚（$r = -0.143$，$p < 0.01$）、没有稳定工作（$r = -0.153$，$p < 0.01$）、文化程度越低（$r = -0.128$，$p < 0.01$）的本地户籍服刑人员，自我报告被捕前 1 年里实施了越多财产犯罪行为。

服刑人员中流动人口自我报告财产犯罪行为与冲动、简单任务的偏好、冒险、以自我为中心、反复无常的脾气、与违法同伴交往、经济压力、暴力犯罪被害经历、试图自杀、受重伤、性别呈显著正相关关系，也就是说越容易冲动（$r = 0.145$，$p < 0.01$），越偏好简单任务（$r = 0.107$，$p < 0.05$），越喜欢冒险（$r = 0.108$，$p < 0.05$），越以自我为中心（$r = 0.097$，$p < 0.05$），脾气越反复无常（$r = 0.089$，$p < 0.05$），与违法同伴交往（$r = 0.132$，$p < 0.01$），经济压力越大（$r = 0.093$，$p < 0.05$），遭受过越多暴力犯罪侵害（$r = 0.187$，$p < 0.01$），曾试图自杀（$r = 0.102$，$p < 0.05$），受过重伤（$r = 0.115$，$p < 0.01$），男性（$r = 0.179$，$p < 0.01$）服刑人员，自我报告被捕前 1 年里实施了越多财产犯罪行为；与社区解组程度、犯罪时的年龄、婚姻状况等变量呈显著负相关关系，也就是说居住的小区或村里社会失序和物质失序越严重（$r = -0.101$，$p < 0.05$）、犯罪时的年龄越小（$r = -0.184$，$p < 0.01$）、不在婚（$r = -0.136$，$p < 0.01$）的非本地户籍服刑人员，自我报告被捕前 1 年里实施了越多财产犯罪行为。

对服刑人员中本地居民与流动人口自我报告财产犯罪行为与所有自变量之间的相关性进行对比分析，发现冲动、简单任务的偏好、冒险、以自我为中心、反复无常的脾气、与违法同伴交往、经济压力、暴力犯罪被害经历、社区解组程度、试图自杀、受重伤、性别、犯罪时的年龄、婚姻状况与两组人群财产犯罪行为均存在显著相关关系；财产犯罪被害经历、就业状况、文化程度仅与服刑人员中本地居民财产犯罪行为存在显著相关关系。

表 4 – 15　　分样本自变量与财产犯罪行为的相关性分析（N = 1518）

变量	本地居民（n = 973）	流动人口（n = 545）
自我控制	—	—
冲动	0.106 **	0.145 **
简单任务的偏好	0.077 *	0.107 *
冒险	0.132 **	0.108 *
以自我为中心	0.152 **	0.097 *
反复无常的脾气	0.159 **	0.089 *
社会学习	—	—
与违法同伴交往	0.186 **	0.132 **
紧张	—	—
经济压力	0.147 **	0.093 *
暴力犯罪被害经历	0.242 **	0.187 **
财产犯罪被害经历	0.124 **	0.058
社区解组程度	− 0.088 **	− 0.101 *
试图自杀	0.142 **	0.102 *
重病	0.000	0.056
受重伤	0.085 **	0.115 **
人口背景特征	—	—
性别	0.160 **	0.179 **
犯罪时的年龄	− 0.198 **	− 0.184 **
婚姻状况（不在婚 = 参照组）	− 0.143 **	− 0.136 **
就业状况（无稳定工作 = 参照组）	− 0.153 **	− 0.044
文化程度	− 0.128 **	− 0.066
住房位置（农村 = 参照组）	—	—
市区	− 0.060	− 0.049
市郊区/城乡接合部	0.039	0.047

注：表中流动人口、本地居民分别代表服刑人员中的流动人口、服刑人员中的本地居民；* $p < 0.05$；** $p < 0.01$；*** $p < 0.001$。

（三）毒品犯罪行为

表 4 – 16 提供了本地居民样本和流动人口样本毒品犯罪行为与所有自变量之间的皮尔森相关系数，结果表明服刑人员中本地居民毒品

犯罪行为与冲动、简单任务的偏好、以自我为中心、反复无常的脾气、与违法同伴交往、经济压力、试图自杀、重病、居住在市区呈显著正相关关系，也就是说越容易冲动（$r = 0.198$，$p < 0.01$），越偏好简单任务（$r = 0.142$，$p < 0.01$），越以自我为中心（$r = 0.136$，$p < 0.01$），脾气越反复无常（$r = 0.156$，$p < 0.01$），与违法同伴交往（$r = 0.322$，$p < 0.01$），经济压力越大（$r = 0.072$，$p < 0.05$），曾试图自杀（$r = 0.105$，$p < 0.01$），患重病（$r = 0.082$，$p < 0.01$）的本地户籍服刑人员，自我报告被捕前 1 年里实施了越多毒品犯罪行为；与性别、就业状况等变量呈显著负相关关系，也就是说女性（$r = -0.205$，$p < 0.01$）、没有稳定工作（$r = -0.243$，$p < 0.01$）的本地户籍服刑人员，自我报告被捕前 1 年里实施了越多毒品犯罪行为。

服刑人员中流动人口自我报告毒品犯罪行为与冲动、冒险、反复无常的脾气、与违法同伴交往、试图自杀呈显著正相关关系，也就是说越容易冲动（$r = 0.131$，$p < 0.01$），越喜欢冒险（$r = 0.098$，$p < 0.05$），脾气越反复无常（$r = 0.114$，$p < 0.01$），与违法同伴交往（$r = 0.313$，$p < 0.01$），曾试图自杀（$r = 0.180$，$p < 0.01$）的非本地户籍服刑人员，自我报告被捕前 1 年里实施了越多毒品犯罪行为；与性别、就业状况等变量呈显著负相关关系，也就是说女性（$r = -0.117$，$p < 0.01$）、无稳定工作（$r = -0.243$，$p < 0.01$）的非本地户籍服刑人员，自我报告被捕前 1 年里实施了越多毒品犯罪行为。

对服刑人员中本地居民与流动人口自我报告毒品犯罪行为与所有自变量之间的相关性进行对比分析，发现冲动、反复无常的脾气、与违法同伴交往、试图自杀、性别、就业状况与两组人群毒品犯罪行为均存在显著相关关系；简单任务的偏好、以自我为中心、经济压力、重病、居住在市区仅与服刑人员中本地居民毒品犯罪行为存在显著相关关系，而冒险仅与服刑人员中流动人口毒品犯罪行为存在显著相关关系。

表 4 - 16　　分样本自变量与毒品犯罪行为的相关性分析（N = 1518）

变量	本地居民（n = 973）	流动人口（n = 545）
自我控制	—	—
冲动	0. 198 **	0. 131 **
简单任务的偏好	0. 142 **	0. 067
冒险	0. 048	0. 098 *
以自我为中心	0. 136 **	0. 009
反复无常的脾气	0. 156 **	0. 114 **
社会学习	—	—
与违法同伴交往	0. 322 **	0. 313 **
紧张	—	—
经济压力	0. 072 *	0. 040
暴力犯罪被害经历	0. 002	0. 019
财产犯罪被害经历	0. 027	0. 077
社区解组程度	- 0. 040	0. 004
试图自杀	0. 105 **	0. 180 **
重病	0. 082 **	0. 014
受重伤	0. 052	0. 044
人口背景特征	—	—
性别	- 0. 205 **	- 0. 117 **
犯罪时的年龄	0. 051	0. 017
婚姻状况（不在婚 = 参照组）	- 0. 047	0. 043
就业状况（无稳定工作 = 参照组）	- 0. 243 **	- 0. 243 **
文化程度	- 0. 055	- 0. 052
住房位置（农村 = 参照组）	—	—
市区	0. 205 **	0. 075
市郊区/城乡接合部	- 0. 010	- 0. 056

注：表中流动人口、本地居民分别代表服刑人员中的流动人口、服刑人员中的本地居民；* p < 0. 05；** p < 0. 01；*** p < 0. 001。

第四节　犯罪行为影响因素的回归分析

一　全部样本

双变量相关分析结果表明部分自变量与因变量之间存在显著相关关系，但这些关系可能受到其他因素的调节或中介。由于因变量"暴力犯罪行为""财产犯罪行为""毒品犯罪行为"均为非负计数型变量，且分布呈现明显的偏态性，不符合多元线性回归模型需要的正态分布。目前处理离散计数因变量的通用方法有泊松回归分析（poisson regression）和负二项回归分析（negative binomial regression）。但是由于因变量的条件方差往往大于条件期望，即过度离散，也不符合泊松分布关于因变量的条件方差应等于条件期望的要求，若采用泊松回归模型，会导致较大的误差，所以本书采用负二项回归方法分别为暴力犯罪行为、财产犯罪行为、毒品犯罪行为构建四个回归模型。

模型1仅包括人口背景特征，考察人口背景特征对犯罪行为的影响；模型2在模型1的基础上纳入自我控制的五个维度，考察自我控制的五个维度和人口背景特征对犯罪行为的影响；模型3在模型2的基础上纳入与违法同伴交往变量，考察与违法同伴交往、自我控制的五个维度以及人口背景特征对犯罪行为的影响；模型4在模型3的基础上纳入紧张变量，考察紧张、自我控制的五个维度、与违法同伴交往以及人口背景特征对犯罪行为的影响。在随后的模型中纳入新的变量，通过卡方检验值、伴随概率、伪判定系数（Pseudo R^2）的变化，判断后面模型的拟合结果是否优于前者。

为避免出现线性回归模型中的自变量之间存在精确相关关系或高度相关关系，从而导致模型估计失真或估计不准确等问题，本书采取方差膨胀因子（the variance inflation factor，VIF）诊断法，进行多重共线性（multicollinearity）检验。所有回归模型的方差膨胀因子（VIF）远远小于10，表明自变量间的多重共线性对结果的影响可以忽略。

（一）暴力犯罪行为

根据上述模型的设定，以全部样本自我报告暴力犯罪行为为因变量，得到四个模型（详见表 4 - 17）。模型 1 仅包括人口背景特征变量，发现性别（$\beta = 0.300$，$p < 0.001$）、居住在市区（$\beta = 0.164$，$p < 0.001$）、居住在市郊/城乡接合部（$\beta = 0.123$，$p < 0.001$）、户籍类型（$\beta = 0.095$，$p < 0.001$）对暴力犯罪行为具有显著正向影响，犯罪时的年龄（$\beta = -0.018$，$p < 0.001$）、婚姻状况（$\beta = -0.076$，$p < 0.01$）、就业状况（$\beta = -0.116$，$p < 0.001$）、文化程度（$\beta = -0.035$，$p < 0.05$）对暴力犯罪行为具有显著负向影响，男性、犯罪时年龄越小、不在婚、没有稳定工作、文化程度越低、居住在市区、居住在市郊/城乡接合部、本地户籍服刑人员，自我报告被捕前 1 年里实施了越多暴力犯罪行为。模型中对暴力犯罪行为影响最大的是性别。

在模型 2 中，纳入自我控制变量之后，自我控制中以自我为中心（$\beta = 0.030$，$p < 0.01$）、反复无常的脾气（$\beta = 0.034$，$p < 0.001$）两个维度对暴力犯罪行为具有显著正向影响，越喜欢以自我为中心、脾气越反复无常的服刑人员，自我报告被捕前 1 年里实施了越多暴力犯罪行为；此外，除文化程度对暴力犯罪行为的影响不再显著外，人口背景特征中的性别、犯罪时的年龄、婚姻状况、就业状况、居住在市区、居住在市郊/城乡接合部、户籍类型仍对暴力犯罪行为具有显著影响，但对暴力犯罪行为的影响力有所降低。模型中对暴力犯罪行为影响最大的仍是性别（$\beta = 0.272$，$p < 0.001$）。

在模型 3 中，纳入与违法同伴交往变量之后，与违法同伴交往对暴力犯罪行为具有显著正向影响（$\beta = 0.180$，$p < 0.001$），与违法同伴交往的服刑人员，自我报告被捕前 1 年里实施了越多的暴力犯罪行为；此外，性别、犯罪时的年龄、婚姻状况、就业状况、居住在市区、居住在市郊/城乡接合部、户籍类型、以自我为中心、反复无常的脾气仍对暴力犯罪行为具有显著影响，但对暴力犯罪行为的影响力有所降低。模型中对暴力犯罪行为影响最大的仍是性别（$\beta = 0.257$，$p < 0.001$）。

在模型 4 中，纳入紧张变量后，暴力犯罪被害经历（$\beta = 0.093$，$p < 0.001$）、受重伤（$\beta = 0.094$，$p < 0.01$）对暴力犯罪行为具有显著正向影响，社区解组程度（$\beta = -0.004$，$p < 0.01$）对暴力犯罪行为具有显著负向影响，遭受过越多暴力犯罪侵害、居住的小区或村里社会失序和物质失序越严重、受过重伤的服刑人员，自我报告实施了越多的暴力犯罪行为；此外，除婚姻状况对暴力犯罪行为的影响不再显著外，性别、犯罪时的年龄、就业状况、居住在市区、居住在市郊/城乡接合部、以自我为中心、反复无常的脾气、与违法同伴交往仍对暴力犯罪行为具有显著影响，但对暴力犯罪行为的影响力有所降低。模型中对暴力犯罪行为影响最大的仍是性别（$\beta = 0.223$，$p < 0.001$）。

表 4 - 17　　全部样本暴力犯罪行为影响因素的负二项
回归分析结果（N = 1518）

变量	系数 （标准误差）	系数 （标准误差）	系数 （标准误差）	系数 （标准误差）
自我控制	—	—	—	—
冲动	—	0.005 (0.005)	0.002 (0.005)	-0.001 (0.005)
简单任务的偏好	—	-0.005 (0.007)	-0.007 (0.007)	-0.002 (0.007)
冒险	—	0.005 (0.009)	0.007 (0.009)	0.009 (0.009)
以自我为中心	—	0.030 ** (0.009)	0.029 ** (0.009)	0.026 ** (0.009)
反复无常的脾气	—	0.034 *** (0.007)	0.031 *** (0.007)	0.025 *** (0.007)
社会学习	—	—	—	—
与违法同伴交往	—	—	0.180 *** (0.027)	0.176 *** (0.027)
紧张	—	—	—	—
经济压力	—	—	—	-0.011 (0.009)

续表

变量	系数 （标准误差）	系数 （标准误差）	系数 （标准误差）	系数 （标准误差）
暴力犯罪被害经历	—	—	—	0.093 *** （0.013）
财产犯罪被害经历	—	—	—	0.000 （0.012）
社区解组程度	—	—	—	− 0.004 ** （0.002）
试图自杀	—	—	—	0.062 （0.033）
重病	—	—	—	− 0.026 （0.040）
受重伤	—	—	—	0.094 ** （0.032）
控制变量	—	—	—	—
性别	0.300 *** （0.026）	0.272 *** （0.027）	0.257 *** （0.027）	0.223 *** （0.027）
犯罪时的年龄	− 0.018 *** （0.001）	− 0.017 *** （0.001）	− 0.016 *** （0.001）	− 0.014 *** （0.001）
婚姻状况 （不在婚 = 参照组）	− 0.076 ** （0.028）	− 0.061 * （0.027）	− 0.062 * （0.027）	− 0.043 （0.027）
就业状况（无稳定工 作 = 参照组）	− 0.116 *** （0.027）	− 0.084 ** （0.027）	− 0.064 * （0.027）	− 0.074 ** （0.027）
文化程度	− 0.035 * （0.015）	− 0.026 （0.015）	− 0.023 （0.015）	− 0.009 （0.015）
住房位置 （农村 = 参照组）	—	—	—	—
市区	0.164 *** （0.032）	0.143 *** （0.032）	0.130 *** （0.032）	0.116 *** （0.032）
市郊区/城乡接合部	0.123 *** （0.034）	0.101 ** （0.034）	0.091 ** （0.034）	0.084 * （0.034）
户籍类型 （流动人口 = 参照组）	0.095 *** （0.026）	0.068 * （0.026）	0.060 * （0.026）	0.059 * （0.026）

续表

变量	系数 （标准误差）	系数 （标准误差）	系数 （标准误差）	系数 （标准误差）
常数项	2.054 *** (0.056)	1.672 *** (0.076)	1.571 *** (0.077)	1.632 *** (0.095)
Log likelihood	-3480.271	-3403.920	-3336.62	-3254.4105
Pseudo R^2	0.059	0.070	0.077	0.090
Chi-square	433.77	509.30	552.78	643.89

注：* p < 0.05；** p < 0.01；*** p < 0.001。

（二）财产犯罪行为

以全部样本财产犯罪行为为因变量，同样得到四个模型（详见表4-18）。模型1仅包括人口背景特征变量，发现性别（$\beta = 0.103$，$p < 0.001$）对财产犯罪行为具有显著正向影响，犯罪时的年龄（$\beta = -0.005$，$p < 0.001$）、婚姻状况（$\beta = -0.053$，$p < 0.05$）、就业状况（$\beta = -0.058$，$p < 0.05$）对财产犯罪行为具有显著负向影响，男性、犯罪时年龄越小、不在婚、没有稳定工作的服刑人员，自我报告被捕前1年里实施了越多的财产犯罪行为。模型中对财产犯罪行为影响最大的是性别。

在模型2中，纳入自我控制变量之后，自我控制的五个维度对财产犯罪行为都不具有显著影响。性别、犯罪时的年龄仍对财产犯罪行为具有显著影响，其中犯罪时的年龄对财产犯罪的影响力不变，性别对财产犯罪行为的影响力有所降低，婚姻状况、就业状况对财产犯罪行为的影响不再显著。模型中对财产犯罪行为影响最大的仍然是性别（$\beta = 0.095$，$p < 0.001$）。

在模型3中，纳入与违法同伴交往变量之后，与违法同伴交往（$\beta = 0.057$，$p < 0.05$）对财产犯罪行为具有显著影响。性别、犯罪时的年龄仍对财产犯罪行为具有显著影响，但是影响力均有所降低。模型中对财产犯罪行为影响最大的仍然是性别（$\beta = 0.090$，$p < 0.01$）。

在模型4中，纳入紧张变量之后，暴力犯罪被害经历（$\beta = 0.045$，$p < 0.01$）对财产犯罪行为具有显著正向影响，遭受过越多暴

力犯罪侵害的服刑人员，自我报告被捕前1年里实施了越多的财产犯罪行为；此外，性别、犯罪时的年龄仍是财产犯罪行为的显著影响因素，其中性别对财产犯罪行为的影响力有所降低，犯罪时的年龄对财产犯罪行为的影响力不变，与违法同伴交往对财产犯罪行为的影响变得不再显著。模型中对财产犯罪行为影响最大的仍是性别（$\beta = 0.080$，$p < 0.01$）。

表4-18 全部样本财产犯罪行为影响因素的负二项回归分析结果（N=1518）

变量	系数（标准误差）	系数（标准误差）	系数（标准误差）	系数（标准误差）
自我控制	—	—	—	—
冲动	—	0.004 (0.005)	0.002 (0.005)	0.000 (0.005)
简单任务的偏好	—	0.009 (0.007)	0.009 (0.008)	0.010 (0.008)
冒险	—	0.003 (0.009)	0.003 (0.009)	0.003 (0.009)
以自我为中心	—	0.002 (0.009)	0.001 (0.009)	0.000 (0.009)
反复无常的脾气	—	0.011 (0.007)	0.009 (0.007)	0.008 (0.007)
社会学习	—	—	—	—
与违法同伴交往	—	—	0.057 * (0.027)	0.053 (0.027)
紧张	—	—	—	—
经济压力	—	—	—	0.017 (0.009)
暴力犯罪被害经历	—	—	—	0.045 ** (0.014)
财产犯罪被害经历	—	—	—	0.007 (0.012)
社区解组程度	—	—	—	0.000 (0.002)

续表

变量	系数 （标准误差）	系数 （标准误差）	系数 （标准误差）	系数 （标准误差）
试图自杀	—	—	—	0.059 (0.035)
重病	—	—	—	−0.049 (0.042)
受重伤	—	—	—	0.030 (0.035)
控制变量	—	—	—	—
性别	0.103 *** (0.025)	0.095 *** (0.026)	0.090 ** (0.027)	0.080 ** (0.027)
犯罪时的年龄	−0.005 *** (0.001)	−0.005 *** (0.001)	−0.004 ** (0.001)	−0.004 ** (0.001)
婚姻状况（不在婚 = 参照组）	−0.053 * (0.027)	−0.049 (0.027)	−0.049 (0.027)	−0.039 (0.028)
就业状况（无稳定工 作 = 参照组）	−0.058 * (.027)	−0.043 (0.027)	−0.040 (0.028)	−0.036 (0.028)
文化程度	−0.020 (0.015)	−0.017 (0.015)	−0.015 (0.015)	−0.008 (0.016)
住房位置（农村 = 参 照组）	—	—	—	—
市区	0.014 (0.032)	0.009 (0.032)	0.003 (0.033)	0.003 (0.033)
市郊区/城乡接合部	0.030 (0.034)	0.019 (0.034)	0.017 (0.035)	0.015 (0.035)
户籍类型（本地居民 = 参照组）	0.006 (0.026)	−0.002 (0.026)	−0.003 (0.026)	−0.002 (0.027)
常数项	1.652 *** (0.055)	1.488 *** (0.075)	1.462 *** (0.077)	1.408 *** (0.099)
Log likelihood	−2839.1891	−2801.0363	−2762.2695	−2722.5467
Pseudo R^2	0.0109	0.013	0.014	0.019
Chi-square	62.83	72.46	76.57	104.41

注：* p < 0.05；** p < 0.01；*** p < 0.001。

（三）毒品犯罪行为

以全部样本毒品犯罪行为为因变量，同样得到四个模型（详见表4－19）。模型1仅包括人口背景特征变量，发现居住在市区（$\beta = 0.336$，$p < 0.001$）、居住在市郊/城乡接合部（$\beta = 0.219$，$p < 0.001$）、户籍类型（$\beta = 0.069$，$p < 0.05$）对毒品犯罪行为具有显著正向影响，性别（$\beta = -0.189$，$p < 0.001$）、就业状况（$\beta = -0.337$，$p < 0.001$）、文化程度（$\beta = -0.066$，$p < 0.01$）对毒品犯罪行为具有显著负向影响，女性、没有稳定工作、文化程度越低、居住在市区、居住在市郊/城乡接合部、本地户籍服刑人员，自我报告被捕前1年里实施了越多毒品犯罪行为。模型中对毒品犯罪行为影响最大的是就业状况。

在模型2中，纳入自我控制变量之后，冲动（$\beta = 0.024$，$p < 0.001$）、反复无常的脾气（$\beta = 0.020$，$p < 0.05$）对毒品犯罪行为具有显著正向影响，越容易冲动、脾气越反复无常的服刑人员，自我报告被捕前1年里实施了越多毒品犯罪行为。此外，性别、就业状况、文化程度、居住在市区、居住在市郊/城乡接合部仍对毒品犯罪行为具有显著影响，除性别对毒品犯罪行为的影响力有所增强之外，其余变量对毒品犯罪行为的影响力均有所降低，犯罪时的年龄对毒品犯罪行为的影响由不显著变成显著，户籍类型对毒品犯罪行为的影响不再显著。模型中对毒品犯罪行为影响最大的不再是就业状况，而是居住在市区（$\beta = 0.315$，$p < 0.001$）。

在模型3中，纳入与违法同伴交往变量之后，与违法同伴交往（$\beta = 0.422$，$p < 0.001$）对毒品犯罪行为具有显著正向影响，与违法同伴交往的服刑人员，自我报告被捕前1年里实施了越多毒品犯罪行为。此外，性别、犯罪时的年龄、就业状况、文化程度、居住在市区、居住在市郊/城乡接合部、冲动仍对毒品犯罪行为具有显著影响，除性别、犯罪时的年龄对毒品犯罪行为的影响力有所增强外，其他变量对毒品犯罪行为的影响力均有所降低，反复无常的脾气对毒品犯罪行为的影响不再显著。模型中对毒品犯罪行为影响最大的不再是居住在市区，而是与违法同伴交往（$\beta = 0.422$，$p < 0.001$）。

在模型 4 中，纳入紧张变量之后，试图自杀（$\beta = 0.105$，$p < 0.01$）对毒品犯罪行为具有显著正向影响，曾试图自杀的服刑人员，自我报告被捕前 1 年里实施了越多毒品犯罪行为。此外，性别、犯罪时的年龄、就业状况、文化程度、居住在市区、居住在市郊/城乡接合部、冲动、与违法同伴交往仍是毒品犯罪行为的显著影响因素，除犯罪时的年龄对毒品犯罪行为的影响力不变，居住在市区、居住在市郊/城乡接合部对毒品犯罪行为的影响力有所增强外，冲动、与违法同伴交往、性别、就业状况、文化程度对毒品犯罪行为的影响力均有所降低。模型中对毒品犯罪行为影响最大的仍是与违法同伴交往（$\beta = 0.415$，$p < 0.001$）。

表 4 – 19   全部样本毒品犯罪行为影响因素的负二项
回归分析结果（N = 1518）

变量	系数（标准误差）	系数（标准误差）	系数（标准误差）	系数（标准误差）
自我控制	—	—	—	—
冲动	—	0.024 *** (0.007)	0.018 ** (0.006)	0.017 ** (0.006)
简单任务的偏好	—	0.012 (0.009)	0.009 (0.009)	0.011 (0.009)
冒险	—	− 0.014 (0.011)	− 0.011 (0.011)	− 0.014 (0.011)
以自我为中心	—	0.017 (0.012)	0.014 (0.011)	0.016 (0.011)
反复无常的脾气	—	0.020 * (0.009)	0.013 (0.009)	0.010 (0.009)
社会学习	—	—	—	—
与违法同伴交往	—	—	0.422 *** (0.034)	0.415 *** (0.034)
紧张	—	—	—	—
经济压力	—	—	—	0.001 (0.011)

续表

变量	系数（标准误差）	系数（标准误差）	系数（标准误差）	系数（标准误差）
暴力犯罪被害经历	—	—	—	-0.012 (0.018)
财产犯罪被害经历	—	—	—	0.006 (0.015)
社区解组程度	—	—	—	0.000 (0.002)
试图自杀	—	—	—	0.105** (0.040)
重病	—	—	—	0.048 (0.047)
受重伤	—	—	—	0.044 (0.041)
控制变量	—	—	—	—
性别	-0.189*** (0.031)	-0.201*** (0.032)	-0.240*** (0.031)	-0.236*** (0.032)
犯罪时的年龄	0.003 (0.002)	0.004* (0.002)	0.007*** (0.002)	0.007*** (0.002)
婚姻状况（不在婚=参照组）	-0.014 (0.033)	-0.004 (0.033)	-0.008 (0.032)	0.005 (0.032)
就业状况（无稳定工作=参照组）	-0.337*** (0.034)	-0.304*** (0.035)	-0.240*** (0.034)	-0.239*** (0.034)
文化程度	-0.066** (0.019)	-0.059** (0.019)	-0.052** (0.019)	-0.050** (0.019)
住房位置（农村=参照组）	—	—	—	—
市区	0.336*** (0.041)	0.315*** (0.041)	0.268*** (0.040)	0.276*** (0.040)
市郊区/城乡接合部	0.219*** (0.044)	0.189*** (0.044)	0.151*** (0.043)	0.161*** (0.044)
户籍类型（本地居民=参照组）	0.069* (0.033)	0.042 (0.033)	0.032 (0.032)	0.039 (0.032)
常数项	1.201*** (0.069)	0.802*** (0.094)	0.544*** (0.094)	0.519*** (0.119)

变量	系数 （标准误差）	系数 （标准误差）	系数 （标准误差）	系数 （标准误差）
Log likelihood	− 2987. 48	− 2930. 0572	− 2817. 1861	− 2782. 2883
Pseudo R^2	0. 038	0. 046	0. 072	0. 075
Chi-square	235. 35	284. 59	435. 60	449. 20

注：* p < 0. 05；** p < 0. 01；*** p < 0. 001。

二 分样本

按照服刑人员的户籍类型，将全部样本拆分为本地居民样本和流动人口样本。分别以服刑人员中本地居民和流动人口暴力犯罪行为、财产犯罪行为、毒品犯罪行为为因变量，建立负二项回归模型，考察自我控制、与违法同伴交往、紧张以及人口背景特征与犯罪行为的关系是否存在户籍差异。所有回归模型的方差膨胀系数（VIF）远远小于 10，容差（tolerance）远远大于 0. 10，表明自变量之间不存在多重共线性问题。

（一）暴力犯罪行为

分别以本地居民样本和流动人口样本暴力犯罪行为为因变量，建立两个负二项回归模型（详见表 4 – 20）。回归分析的结果表明本地居民暴力犯罪行为有 10 个显著影响因素（如模型 1 所示），以自我为中心（$\beta = 0.030$，$p < 0.01$）、反复无常的脾气（$\beta = 0.028$，$p < 0.01$）、与违法同伴交往（$\beta = 0.176$，$p < 0.001$）、暴力犯罪被害经历（$\beta = 0.072$，$p < 0.001$）、受重伤（$\beta = 0.083$，$p < 0.05$）、性别（$\beta = 0.227$，$p < 0.001$）、居住在市区（$\beta = 0.144$，$p < 0.001$）、居住在市郊/城乡接合部（$\beta = 0.141$，$p < 0.01$）对本地居民暴力犯罪行为具有显著正向影响，犯罪时的年龄（$\beta = -0.014$，$p < 0.001$）、就业状况（$\beta = -0.083$，$p < 0.05$）对本地居民暴力犯罪行为具有显著负向影响，服刑人员中越喜欢以自我为中心、脾气越反复无常、与违

法同伴交往、遭受过越多暴力犯罪侵害、受过重伤、男性、犯罪时年龄越小、无稳定工作、居住在市区、居住在市郊/城乡接合部的本地居民，自我报告实施了越多的暴力犯罪行为。模型中影响最大的是性别（$\beta = 0.227$）。

　　流动人口样本暴力犯罪行为有 6 个显著影响因素（如模型 2 所示），与违法同伴交往（$\beta = 0.174$，$p < 0.001$）、暴力犯罪被害经历（$\beta = 0.138$，$p < 0.001$）、性别（$\beta = 0.221$，$p < 0.001$）对流动人口暴力犯罪行为具有显著正向影响，经济压力（$\beta = -0.040$，$p < 0.05$）、社区解组程度（$\beta = -0.006$，$p < 0.05$）、犯罪时的年龄（$\beta = -0.013$，$p < 0.001$）对流动人口暴力犯罪行为具有显著负向影响，服刑人员中与违法同伴交往、经历的经济压力越小、遭受过越多暴力犯罪侵害、居住的小区或村里社会失序与物质失序越严重、男性、犯罪时年龄越小的流动人口，自我报告实施了越多的暴力犯罪行为。模型中影响最大的是性别（$\beta = 0.221$）。

　　通过对服刑人员中本地居民与流动人口暴力犯罪行为的影响因素进行对比分析，发现：

　　（1）与违法同伴交往、暴力犯罪被害经历、性别、犯罪时的年龄对两个样本暴力犯罪行为都具有显著影响。接下来需要分别考察两个样本的回归系数是否存在显著差异。假设回归系数之间不存在显著差异则表明户籍类型发挥的作用较小，上述变量具有更大的普适性。Paternoster 等学者认为当样本量足够大时，可以使用 Z 分数，来比较两个样本的回归系数是否存在显著差异（如公式 1 所示）。采用 95% 的置信区间，类似于 0.05 的 P 值（临界值为 1.96 或 -1.96）。在判断净效应是否显著时，以 0.05 为标准。[①] 计算结果表明两个样本与违法同伴交往、性别、犯罪时的年龄的回归系数之间的差异无统计学意义（Z 分数分别为 0.036、0.106、-0.277），也就是说上述变量对本地居民和流动人口暴力犯罪行为的影响不存在显著差异，户籍类

---

① Paternoster R., Brame R., Mazerolle P., et al., "Using the Correct Statistical Test for the Equality of Regression Coefficients", *Criminology*, Vol. 36, No. 4, 2010, pp. 859 – 866.

型没有在上述变量与暴力犯罪行为之间发挥显著的调节作用；两个样本暴力犯罪被害经历变量的回归系数之间的差异具有统计学意义（Z分数为 −2. 426），该变量对流动人口暴力犯罪行为的影响显著大于对本地居民的影响。

（2）以自我为中心、反复无常的脾气、受重伤、就业状况、居住在市区、居住在市郊/城乡接合部仅对本地居民暴力犯罪行为具有显著影响，而经济压力、社区解组程度仅对流动人口暴力犯罪行为具有显著影响。

$$Z = (b_1 - b_2) / \sqrt{SEB_1{}^2 SEb_2{}^2} \qquad （公式1）$$

表4 – 20 　　　　　本地居民样本与流动人口样本暴力犯罪
行为影响因素的负二项回归结果

变量	本地居民（n = 973）	流动人口（n = 545）
自我控制	—	—
冲动	0. 000 (0. 006)	− 0. 006 (0. 008)
简单任务的偏好	− 0. 015 (0. 009)	0. 020 (0. 012)
冒险	0. 016 (0. 011)	− 0. 002 (0. 015)
以自我为中心	0. 030 ** (0. 011)	0. 020 (0. 015)
反复无常的脾气	0. 028 ** (0. 009)	0. 015 (0. 012)
社会学习	—	—
与违法同伴交往	0. 176 *** (0. 034)	0. 174 *** (0. 044)
紧张	—	—
经济压力	0. 001 (0. 011)	− 0. 040 * (0. 016)
暴力犯罪被害经历	0. 072 *** (0. 016)	0. 138 *** (0. 022)

续表

变量	本地居民（n = 973）	流动人口（n = 545）
财产犯罪被害经历	0.000 (0.015)	- 0.004 (0.019)
社区解组程度	- 0.003 (0.002)	- 0.006 * (0.003)
试图自杀	0.051 (0.040)	0.095 (0.056)
重病	- 0.028 (0.048)	0.016 (0.072)
受重伤	0.083 * (0.039)	0.095 (0.056)
控制变量	—	—
性别	0.227 *** (0.033)	0.221 *** (0.046)
犯罪时的年龄	- 0.014 *** (0.002)	- 0.013 *** (0.003)
婚姻状况（不在婚 = 参照组）	- 0.043 (0.034)	- 0.035 (0.045)
就业状况（无稳定工作 = 参照组）	- 0.083 * (0.034)	- 0.052 (0.045)
文化程度	- 0.023 (0.019)	0.019 (0.025)
住房位置（农村 = 参照组）	—	—
市区	0.144 *** (0.038)	0.039 (0.059)
市郊区/城乡接合部	0.141 ** (0.041)	- 0.016 (0.060)
常数项	1.647 *** (0.119)	1.748 *** (0.160)
Log likelihood	- 2103.2802	- 1138.2437
Chi-square	460.12	205.944

注：表中流动人口、本地居民分别代表服刑人员中的流动人口、服刑人员中的本地居民；$^{*} p < 0.05$；$^{**} p < 0.01$；$^{***} p < 0.001$。

（二）财产犯罪行为

分别以本地居民样本和流动人口样本财产犯罪行为为因变量，建立两个负二项回归模型（详见表4－21）。回归分析的结果表明本地居民财产犯罪行为共有1个显著影响因素（如模型1所示），暴力犯罪被害经历（$\beta = 0.047$，$p < 0.01$）对本地居民财产犯罪行为具有显著正向影响，服刑人员中遭受越多暴力犯罪侵害的本地居民自我报告实施了越多的财产犯罪行为。

流动人口财产犯罪行为共有2个显著影响因素（如模型2所示），性别（$\beta = 0.112$，$p < 0.05$）、犯罪时的年龄（$\beta = -0.006$，$p < 0.05$）对流动人口财产犯罪行为具有显著影响，服刑人员中男性、犯罪时年龄越小的流动人口自我报告实施了越多的财产犯罪行为。

通过对服刑人员中本地居民与流动人口财产犯罪行为的影响因素进行对比分析，发现影响两组人群财产犯罪行为的因素存在较大的差异。暴力犯罪被害经历仅对服刑人员中本地居民财产犯罪行为具有显著影响，而性别、犯罪时的年龄仅对服刑人员中流动人口财产犯罪行为具有显著影响。

表4－21 本地居民样本与流动人口样本财产犯罪行为
影响因素的负二项回归结果

变量	本地居民（n = 973）	流动人口（n = 545）
自我控制	—	—
冲动	−0.005 (0.007)	0.009 (0.009)
简单任务的偏好	0.005 (0.010)	0.019 (0.013)
冒险	0.001 (0.012)	0.006 (0.016)
以自我为中心	0.009 (0.012)	−0.014 (0.016)
反复无常的脾气	0.009 (0.009)	0.009 (0.013)

续表

变量	本地居民（n=973）	流动人口（n=545）
社会学习	—	—
与违法同伴交往	0.061 (0.034)	0.047 (0.045)
紧张	—	—
经济压力	0.020 (0.011)	0.011 (0.016)
暴力犯罪被害经历	0.047** (0.018)	0.041 (0.024)
财产犯罪被害经历	0.010 (0.016)	0.004 (0.020)
社区解组程度	0.001 (0.002)	-0.002 (0.003)
试图自杀	0.073 (0.043)	0.037 (0.060)
重病	-0.072 (0.052)	-0.003 (0.074)
受重伤	0.017 (0.043)	0.058 (0.060)
控制变量	—	—
性别	0.064 (0.034)	0.112* (0.047)
犯罪时的年龄	-0.003 (0.002)	-0.006* (0.003)
婚姻状况（不在婚=参照组）	-0.031 (0.035)	-0.043 (0.046)
就业状况（无稳定工作=参照组）	-0.047 (0.036)	-0.016 (0.047)
文化程度	-0.016 (0.020)	0.010 (0.026)
住房位置（农村=参照组）	—	—
市区	0.007 (0.040)	0.001 (0.061)
市郊区/城乡接合部	0.009 (0.044)	0.026 (0.062)

变量	本地居民（n = 973）	流动人口（n = 545）
常数项	1. 401 *** (0. 124)	1. 389 *** (0. 165)
Log likelihood	− 1740. 03	− 978. 38
Chi-square	69. 05	43. 54

注：表中流动人口、本地居民分别代表服刑人员中的流动人口、服刑人员中的本地居民；* p < 0. 05；** p < 0. 01；*** p < 0. 001。

（三）毒品犯罪行为

以本地居民样本和流动人口样本毒品犯罪行为为因变量，建立两个负二项回归模型（详见表4 - 22）。回归分析结果表明本地居民毒品犯罪行为共有9个显著影响因素（如模型1所示），冲动（$\beta = 0.017$，$p < 0.05$）、以自我为中心（$\beta = 0.034$，$p < 0.05$）、与违法同伴交往（$\beta = 0.435$，$p < 0.001$）、犯罪时的年龄（$\beta = 0.008$，$p < 0.001$）、居住在市区（$\beta = 0.306$，$p < 0.001$）、居住在市郊区/城乡接合部（$\beta = 0.179$，$p < 0.01$）对本地居民毒品犯罪行为具有显著正向影响，性别（$\beta = -0.298$，$p < 0.001$）、就业状况（$\beta = -0.242$，$p < 0.001$）、文化程度（$\beta = -0.064$，$p < 0.01$）对本地居民毒品犯罪行为具有显著负向影响，服刑人员中越容易冲动、越喜欢以自我为中心、与违法同伴交往、女性、犯罪时的年龄越大、没有稳定工作、文化程度越低、居住在市区、居住在市郊区/城乡接合部的本地居民，自我报告实施了越多的毒品犯罪行为。模型中影响最大的是与违法同伴交往（$\beta = 0.435$）。

服刑人员中流动人口毒品犯罪行为有4个显著影响因素（如模型2所示），与违法同伴交往（$\beta = 0.372$，$p < 0.001$）、试图自杀（$\beta = 0.191$，$p < 0.01$）、居住在市区（$\beta = 0.175$，$p < 0.05$）对流动人口毒品犯罪行为具有显著正向影响，就业状况（$\beta = -0.222$，$p < 0.001$）对流动人口毒品犯罪行为具有显著负向影响，服刑人员中与违法同伴交往、曾试图自杀、没有稳定工作、居住在市区的流动人

口，自我报告实施了越多的毒品犯罪行为。模型中影响最大的是与违法同伴交往（$\beta = 0.372$）。

通过对服刑人员中本地居民与流动人口毒品犯罪行为的影响因素进行对比分析，发现：

（1）与违法同伴交往、就业状况、居住在市区对两个样本毒品犯罪行为都具有显著影响。同样运用 Z 分数来比较两个样本的回归系数是否存在显著差异。计算结果表明两个样本与违法同伴交往、就业状况、居住在市区的回归系数之间的差异无统计学意义（Z 分数分别为 0.882、−0.278、1.476），也就是说上述变量对服刑人员中本地居民和流动人口毒品犯罪行为的影响不存在显著差异，户籍类型没有在上述变量与毒品犯罪行为之间发挥显著的调节作用。

（2）冲动、以自我为中心、性别、犯罪时的年龄、文化程度、居住在市郊区/城乡接合部仅对本地居民毒品犯罪行为具有显著影响，而试图自杀仅对流动人口毒品犯罪行为具有显著影响。

表 4 – 22　　　　　本地居民样本与流动人口样本毒品犯罪行为
影响因素的负二项回归分析结果

变量	本地居民（n＝973）	流动人口（n＝545）
自我控制	—	—
冲动	0.017 * (0.008)	0.014 (0.011)
简单任务的偏好	0.010 (0.011)	0.009 (0.015)
冒险	− 0.022 (0.014)	0.018 (0.020)
以自我为中心	0.034 * (0.014)	− 0.030 (0.020)
反复无常的脾气	0.010 (0.011)	0.013 (0.016)
社会学习	—	—
与违法同伴交往	0.435 *** (0.043)	0.372 *** (0.057)

续表

变量	本地居民（n = 973）	流动人口（n = 545）
紧张	—	—
经济压力	-0.001 (0.013)	-0.002 (0.019)
暴力犯罪被害经历	0.000 (0.023)	-0.034 (0.030)
财产犯罪被害经历	-0.005 (0.019)	0.031 (0.023)
社区解组程度	-0.002 (0.002)	0.003 (0.003)
试图自杀	0.068 (0.050)	0.191 ** (0.067)
重病	0.040 (0.057)	0.020 (0.088)
受重伤	0.028 (0.050)	0.067 (0.073)
控制变量	—	—
性别	-0.298 *** (0.040)	-0.109 (0.055)
犯罪时的年龄	0.008 *** (0.002)	0.003 (0.003)
婚姻状况（不在婚 = 参照组）	-0.034 (0.041)	0.090 (0.054)
就业状况（无稳定工作 = 参照组）	-0.242 *** (0.044)	-0.222 *** (0.057)
文化程度	-0.064 ** (0.024)	-0.015 (0.032)
住房位置（农村 = 参照组）	—	—
市区	0.306 *** (0.049)	0.175 * (0.074)
市郊区/城乡接合部	0.179 ** (0.054)	0.068 (0.076)

续表

变量	本地居民（n = 973）	流动人口（n = 545）
常数项	0.605*** (0.151)	0.507* (0.198)
Log likelihood	−1816.1	−951.53
Chi-square	343.06	122.48

注：表中流动人口、本地居民分别代表服刑人员中的流动人口、服刑人员中的本地居民；* $p < 0.05$；** $p < 0.01$；*** $p < 0.001$。

第五章　基于定性资料的犯罪行为影响因素析出

第一节　研究方案与数据收集

考虑到与定量研究有所不同，定性研究更注重于访谈对象对研究话题的经历、理解和解读，[①] 运用访谈法，通过对服刑人员进行深入的访谈，可以获悉其被捕前的生活图景，对其实施犯罪行为作出解释和探讨，为此，本书采取半结构式访谈法（semi-structured Interview），通过对服刑人员进行访谈，获取定性研究资料。采用目的抽样的方式，从参加此次问卷调查的服刑人员中抽取部分服刑人员进行一对一的半结构式访谈。与结构式访谈（structured interview）以固定的次序、同样的方式向所有访谈对象提出的问题有所不同，半结构式访谈更加灵活，根据研究目的事先设定访谈提纲，在访谈的过程中，访谈者与访谈对象之间谈论的话题可以根据访谈对象的实际经历和体验，进行充分的拓展，内容更加丰富。此次访谈主要涉及访谈对象的社会关系、成长经历、此次犯罪的经过、对自身犯罪行为的解释，出狱后的打算等。

访谈对象的选取尽量在性别、年龄、文化程度、涉及的犯罪类型、刑期等方面做到平衡，尽可能保证访谈对象的多元性。访谈被安排在监狱的心理健康中心进行，访谈过程中只有笔者和访谈对象在

---

① 刘柳、段慧娟：《毒友圈与圈子亚文化：青年女性之吸毒生涯扩张期探析》，《中国青年研究》2018 年第 1 期。

场，确保访谈环境独立和安静，尽可能消除访谈对象的顾虑，进而避免其作出不诚实回答、减少社会期许对其回答内容真实性的影响。访谈前，笔者翻阅访谈对象填写的调查问卷，了解其基本情况，包括个人信息、家庭状况、入狱的罪名、刑期等。[①] 在访谈正式开始前，调查人员向访谈对象详细解释此次访谈的目的，并告知是自愿参与，谈话内容保密，如有不适，可随时要求终止访谈。

在访谈过程中，笔者主要依据访谈提纲进行，但会根据实际情况，采取灵活的方式提出访谈提纲中列明的问题，同时，根据访谈对象的反应采用追问或探测等技巧，以获取更多的信息。为更好地记录访谈内容，在征得受访者同意后，对访谈内容进行录音，同时，还采取笔记进行记录。访谈结束后，将录音资料逐字逐句转录为文字材料，同时结合笔记记录进行核对，以供进一步分析。访谈的时长为40—70分钟，共获取62份访谈记录。

此次访谈的62名服刑人员中，暴力犯（罪名包括抢劫、[②] 抢夺、故意杀人、故意伤害、故意伤害致人死亡、强奸、寻衅滋事、非法持有枪支、绑架）29人，占46.8%，财产犯（罪名包括盗窃、收赃、非法经营、挪用资金、敲诈勒索、诈骗、组织卖淫）14人，占22.6%，毒品犯（罪名包括贩卖毒品、运输毒品）19人，占30.6%。其中男性40人，占64.5%，女性22人，占35.5%；本地居民30人，占48.4%，流动人口32人，占51.6%；不在婚（包括未婚、离婚、丧偶）41人，占66.1%，在婚（包括已婚、再婚）21人，占33.9%；犯罪时的平均年龄为27.8岁；有5名受访者此前有过犯罪前科，占8.06%，涉及的罪名包括盗窃、故意伤害、贩毒；有11名受访者被捕前有吸毒经历，占17.7%。有3名受访者有赌博

[①] 在访谈的过程中，笔者从调查问卷中选取部分问题提问，待访谈结束后，向管教民警了解访谈对象的具体情况，最后将访谈对象在访谈时的回答情况、问卷填写的情况与从管教民警处获取的信息进行对比，发现上述三种途径获取的信息基本一致，表明问卷填答、访谈中的回答真实有效。

[②] 从刑法上讲，抢劫罪是指以非法占有为目的，以暴力、威胁或其他方法，强行劫取他人财物的行为。有些学者将抢劫视为暴力、胁迫型财产犯罪，但更普遍的观点是将其作为一类典型的暴力犯罪。本书采用后一种观点。

等不良嗜好。① 详见表 5 - 1。

表 5 - 1　　　　　　　　　访谈对象的背景资料

序号	姓名	性别	犯罪时的年龄	文化程度	婚姻状况	户籍类型	就业状况	罪名	刑期	入狱次数	备注
1	HJ	男	30	初中没毕业	未婚	流动人口	无业	抢劫	14 年	1	曾因犯盗窃罪被判 10 个月
2	RH	男	24	大专	未婚	本地居民	个体户	抢劫	3 年 6 个月	0	—
3	CL	男	20	初中没毕业	未婚	本地居民	无业	强奸	4 年	0	—
4	WSC	男	23	初中没毕业	未婚	流动人口	无业	抢劫	11 年	0	—
5	WP	男	25	初中	已婚	本地居民	个体户	故意伤害致人死亡	15 年	0	—
6	LCL	男	32	初中	已婚	本地居民	个体户	故意伤害致人死亡	10 年 6 个月	0	—
7	LGF	男	34	初中	已婚	本地居民	无业	故意伤害致人死亡	无期	0	—
8	YYH	男	18	初中	未婚	本地居民	无业	故意伤害	4 年	0	—
9	DZM	男	19	初中	未婚	本地居民	无业	强奸	2 年 6 个月	0	—

① 考虑到访谈对象身份的特殊性以及研究道德的问题，在此隐去了访谈对象的真实姓名，为其编注了代码，以尊重和保护访谈对象。

续表

序号	姓名	性别	犯罪时的年龄	文化程度	婚姻状况	户籍类型	就业状况	罪名	刑期	入狱次数	备注
10	LCY	男	23	初中	已婚	本地居民	个体户	故意伤害	3年	1	曾因犯盗窃罪被判1年
11	YL	男	27	初中没毕业	未婚	流动人口	个体户	抢劫	3年	0	—
12	GBB	男	23	小学没毕业	未婚	流动人口	无业	抢劫、抢夺	5年	1	曾因犯故意伤害罪被判少管2年
13	ZRS	男	26	小学	已婚	流动人口	工地打零工	抢劫	4年	0	—
14	HW	男	30	初中	离婚	本地居民	无业	抢劫、强奸	14年	0	—
15	MSX	男	18	初中	未婚	本地居民	无业	故意伤害致人死亡	4年	0	—
16	YY	男	24	初中	未婚	本地居民	无业	故意伤害致人死亡	死缓	0	—
17	CBY	男	41	大专	再婚	本地居民	无业	故意杀人	死缓	1	曾因犯贩毒罪被判6个月
18	ZBG	男	22	初中	已婚	流动人口	无业	寻衅滋事、非法持有枪支、绑架	15年	0	—

序号	姓名	性别	犯罪时的年龄	文化程度	婚姻状况	户籍类型	就业状况	罪名	刑期	入狱次数	备注
19	ZYX	男	28	初中	未婚	流动人口	打零工	故意伤害致人死亡	死缓	0	—
20	SCS	男	23	初中	已婚	本地居民	无业	故意伤害致人死亡	11年	1	曾因犯盗窃罪被判刑
21	YYY	男	45	本科	已婚	本地居民	中学老师	故意伤害致人死亡	无期	0	—
22	MC	男	18	高中在读	未婚	本地居民	学生	故意杀人	死缓	0	—
23	GMF	男	20	初中	未婚	流动人口	酒吧驻唱	故意杀人	死缓	0	—
24	JW	男	23	初中	未婚	流动人口	无业	绑架、抢劫	13年	0	—
25	YHY	女	22	初中	未婚	本地居民	无业	故意杀人	无期	0	—
26	CCD	女	17	职高在读	未婚	本地居民	学生	故意伤害	4年11个月	0	—
27	SXN	女	28	本科	已婚	本地居民	教师	故意杀人	10年	0	—
28	ZM	女	24	本科	离婚	本地居民	教师	故意杀人	无期	0	—
29	LX	女	18	初中	未婚	流动人口	个体户	故意杀人	18年	0	—

序号	姓名	性别	犯罪时的年龄	文化程度	婚姻状况	户籍类型	就业状况	罪名	刑期	入狱次数	备注
30	CAP	男	31	初中没毕业	未婚	流动人口	无业	盗窃	13年	0	—
31	CW	男	33	大专	再婚	流动人口	个体户	挪用资金	4年	0	—
32	WXQ	男	37	小学没毕业	已婚	本地居民	无业	盗窃	1年6个月	0	—
33	ZS	男	22	本科在读	未婚	流动人口	学生	盗窃	3年	0	赌博
34	LGH	男	34	小学没毕业	离婚	本地居民	无业	盗窃,掩饰、隐瞒犯罪所得、犯罪所得收益罪	4年6个月	0	—
35	WJD	男	30	初中	已婚	流动人口	个体户	非法经营	3年	0	—
36	LSG	男	57	初中	已婚	流动人口	会所打工	组织卖淫罪	6年	0	—
37	ZSQ	男	24	初中	已婚	流动人口	个体户	敲诈勒索	4年	0	—
38	FB	男	25	高中	未婚	本地居民	无业	盗窃	6年	0	—
39	XSL	女	25	在职研究生	未婚	本地居民	公司负责人	诈骗	13年	0	—
40	ZRY	女	36	大专	离婚	流动人口	无业	盗窃	1年3个月	0	赌博

序号	姓名	性别	犯罪时的年龄	文化程度	婚姻状况	户籍类型	就业状况	罪名	刑期	入狱次数	备注
41	PT	女	20	小学没毕业	未婚	流动人口	无业	盗窃	4年	0	吸毒
42	LM	女	30	初中没毕业	未婚	流动人口	无业	盗窃	13年	0	吸毒
43	WX	女	40	初中	再婚	本地居民	务农	盗窃	3年	0	吸毒
44	CHG	男	36	初中没毕业	已婚	流动人口	无业	贩卖毒品	7年	0	—
45	LYF	男	19	小学没毕业	未婚	流动人口	无业	运输毒品	10年	0	—
46	LCG	男	26	小学	未婚	流动人口	无业	贩卖毒品	死缓	0	吸毒
47	ZYH	男	21	初中	未婚	流动人口	无业	贩卖毒品	死缓	0	吸毒，赌博
48	QC	男	27	初中	未婚	流动人口	无业	贩卖毒品、运输毒品	15年	0	—
49	DX	男	25	高中	已婚	流动人口	无业	贩卖毒品	死缓	0	—
50	XWJ	男	36	初中	离婚	流动人口	无业	贩卖毒品	无期	0	吸毒
51	PXQ	女	20	初中	未婚	本地居民	无业	贩卖毒品	3年	0	吸毒
52	HXY	女	43	初中	已婚	流动人口	个体户	贩卖毒品	15年	0	—
53	GM	女	29	小学	离婚	流动人口	个体户	贩卖毒品	无期	0	—
54	HYL	女	20	初中没毕业	未婚	本地居民	无业	贩卖毒品	9年半	0	吸毒
55	ZDJ	女	40	初中没毕业	离婚	本地居民	无业	贩卖毒品	1年	0	吸毒

续表

序号	姓名	性别	犯罪时的年龄	文化程度	婚姻状况	户籍类型	就业状况	罪名	刑期	入狱次数	备注
56	DM	女	23	初中没毕业	未婚	本地居民	无业	贩卖毒品	1年10个月	0	吸毒
57	WJW	女	43	小学	离婚	本地居民	无业	贩卖毒品	死缓	0	—
58	LL	女	34	高中	未婚	流动人口	无业	贩卖毒品	10年	0	—
59	HYM	女	32	初中	离婚	流动人口	无业	贩卖毒品	12年	0	—
60	YXL	女	18	初中	未婚	流动人口	无业	运输毒品	15年	0	—
61	CDM	女	40	中专	离婚	流动人口	无业	运输毒品	15年	0	—
62	HJJ	女	22	初中没毕业	未婚	本地居民	无业	贩卖毒品	15年	0	吸毒

第二节 犯罪行为的影响因素分析

定性资料的分析以扎根理论作为指引，按照经典的定性研究资料分析方式展开，在阅读与编码的过程中获取分类，并形成具有逻辑性的故事。[①] 通过对定性资料进行分析，得到以下发现。

一 影响暴力犯罪行为的因素

通过对 29 名暴力犯的半结构式访谈资料进行分析，发现按照此次暴力犯罪行为是否发生在亲密关系之间，即针对的对象是否为亲密伴侣（如婚姻关系、约会关系、同居关系等），可以将受访者分成两类，两类人群的成长经历以及影响其实施暴力犯罪行为的因素存在明

---

① 刘柳、段慧娟：《毒友圈与圈子亚文化：青年女性之吸毒生涯扩张期探析》，《中国青年研究》2018 年第 1 期。

显的差异。对于此次犯罪针对的对象不是亲密伴侣的受访者来说，导致其犯罪的影响因素主要有家庭养育质量不高，导致其自我控制水平低下；受教育水平偏低，缺少一技之长，无稳定而正当的工作；结交不良同伴，受同伴诱导或"朋友义气"不良思想的影响。而对于此次犯罪针对的对象是亲密伴侣的受访者来说，导致其犯罪的影响因素主要是在此前遭受了一系列高强度的紧张事件或情形，如家庭矛盾、情感纠纷、遭受家庭暴力等。

（一）家庭养育质量不高，导致其自我控制水平低下

原生家庭出现了问题，年幼时父母离异或一方去世，或父母感情不好，经常争吵，受访者长期处于无人监管的状态或是长期由（外）祖父母监管。（外）祖父母由于身体原因、精力有限，无法有效监督受访者的行为，及时发现他们的偏差行为，并对其进行惩罚，导致受访者自我控制水平低下，主要表现为受访者自述的"情绪化""喜欢发脾气""遇事很容易冲动"，遇到矛盾、冲突、挫折时，不能很好地控制愤怒等不良情绪，做事不计后果，倾向于采取暴力的方式解决矛盾冲突、应对挫折，实施暴力犯罪行为时往往伴随激烈的情绪爆发，表现出强烈的情绪亢奋性，造成严重的后果后表现出较强的悔过心理。正如下列受访者所言：

> 我十多岁的时候父母离婚了，我跟我妈和外婆一起生活。从小喜欢打架，性子有点急（JW，男，此次犯罪时23岁，初中毕业，未婚，流动人口，无业，因犯绑架、抢劫罪被判处有期徒刑13年）。
>
> 我爸妈是做房地产的，家里条件比较好，平时工作忙，没时间管我。后来找了点关系，16岁去当兵，当了三年义务兵，19岁当兵退伍回来。分配工作我没去，我什么都不想干，就想每天玩，不喜欢受拘束，喜欢自由。钱我不缺，我这个人比较外向，比较能结识人，包括异性，每天有很多人叫我玩。白天睡觉，晚上夜场，这一代人的悲哀，其实心里很空虚，不知道自己要什么。我觉得男孩子嘛，比较豪气也正常。不管是对朋友也好，对

其他人也好，钱不用看得那么重，情比钱重要。我父母说只要不出事，不吸毒，就可以了，该玩就玩你的，反正男孩子又不像女孩子，怕吃亏，再说我当兵回来的，人高马大，就不存在会干吗，导致我后来自我意识比较强，性格比较强势，才会发生后来的事（YY，男，35 岁，初中毕业，未婚，本地居民，无业，因犯故意伤害致人死亡罪被判处死缓，同案 4 人）。

　　父母感情不好。爸爸贩毒，就这样进进出出（指进出监狱）。我妈妈有段时间也吸，后来不吸了。在外面的时候跟她感情不好，她有她的生活，有自己的思想，不会让自己的孩子成为自己的负担，有喜欢做的事情就去做，不会鼓励孩子，也不顾及我，家里锅里面的饭都发霉生虫了，都没人做饭给我吃。小时候跟奶奶长大，三年级的时候奶奶摔死。当时年龄小，社会观念不正确，听到哪个班的女生说我怎么样，二话不说就要冲过去打人家，现在成熟了，不会了（CCD，女，犯罪时 17 岁，正在一所职高读书，未婚，本地居民，因犯故意伤害罪被判处有期徒刑 4 年 11 个月，同案 2 人）。

（二）受教育水平偏低，缺少一技之长，无稳定而正当的工作

因为各种原因，如家庭经济原因，但更多的是因为贪玩，不喜欢学习，过早地离开了学校，步入社会。由于自身受教育水平偏低，缺少一技之长，很难找到他们认为适合的工作，犯罪时大多没有稳定而正当的工作，生活比较拮据。

　　六盘水人，在贵阳待了两三年，爸妈是做工地的，和爸妈老婆孩子一起租房子住在油榨街。没有稳定工作，到处去问，有活就做，没有就休息。有两个孩子，在外面的时候经济挺困难的（ZRS，男，此次犯罪时 26 岁，小学毕业，已婚，流动人口，在工地打工，因犯抢劫罪被判处有期徒刑 4 年）。

　　我妈在我 7 岁的时候就离开我们了，没和我们在一起。我爸带着我和我妹。进来之前，我住在我朋友家，给他付房租，在剪头发那里做了一两个月，后来就不干了。在外面的时候经常经济困难，有点钱也存不住，没钱的时候就管我爸要（YYH，男，此次犯罪时 18 岁，初中毕业，未婚，本地居民，无业，因犯故意伤害致人死亡罪被判处有期徒刑 4 年）。

出事前我在外面没有正事做，在家打打麻将，没有固定的经济收入（ZBG，男，此次犯罪时 22 岁，初中毕业，已婚，流动人口，无业，因犯寻衅滋事、非法持有枪支、绑架罪被判处有期徒刑 15 年）。

除受教育水平偏低外，犯罪前科和吸毒经历也会导致其就业机会受限，不能顺利进入劳动力市场，进而获得稳定的工作，一些人为了生存而实施抢劫等暴力犯罪行为。

喜欢在外面玩，初中没毕业就不读书了。2012 年因为盗窃被抓过，判了 10 个月。出狱以后和两个朋友（此次犯罪的同案）租房子住在油榨街，找工作挺困难，做的工作不稳定，没有资金。我是独立的一个人，有自尊心的，不想找父母要钱，想自己找钱（HJ，男，此次犯罪时 30 岁，初中没毕业，未婚，流动人口，无业，因犯抢劫罪被判处有期徒刑 14 年，此前曾因犯盗窃罪被判处有期徒刑 10 个月）。

（三）结交不良同伴，受同伴诱导或"朋友义气"不良思想的影响

犯罪时多数受访者是自己单独或与朋友一起在外租房居住，家人对其生活近况知之甚少。由于长期感受不到家庭的温暖，他们倾向于转向社会上的不良同伴寻求归属感和安全感，渴望从同伴身上获得物质上的支持、情感上的慰藉，经常在外面玩，结交违法犯罪的同伴，在同伴的诱导或蛊惑下，实施抢劫等暴力犯罪行为。下列受访者的例子就很好地说明了这一点。

（出狱后）在外面待了几个月，从小到大和我们一起玩的喊做这个事情。我们四个人就去抢劫，然后被抓了。在外面交往的朋友中有 1/3 的是违法犯罪的。遇到经济困难的时候很少有人帮助自己（HJ，男，此次犯罪时 30 岁，初中没毕业，未婚，流动人口，无业，因犯抢劫罪被判处有期徒刑 14 年，此前曾因犯盗窃罪被判处有期徒刑 10 个月）。

我原来在广东玩具厂上班，一个月挣一千七八百块钱，住在厂里的宿舍，一个人过日子勉强还是可以的。2007 年我回家过年，我和我二哥是从小一起长大的，就一起吃饭，他喊了他朋友一起玩，我也不知道他们是干什么的。后面就一起去水城玩，去了他们都准备开始做了，当时有个人说我胆子小什么的，为了争口气就一起干了这个事。我们一共是五个人，我二哥和他的三个朋友，有几个人是认识被害人的，就给他打电话，他在睡觉，就冒火，我说起来了再骂。他开门后，我们就进去了，把他按在床上，然后就在他家里翻，翻了一千多块钱现金，还有一个存折，上面有一万块钱，存折我们没要，现金我们拿走了，第二天就回家了。抢来的这些钱就拿去吃啊，用啊，剩下的我没有和他们分。他们应该不是第一次做这种事，之前跟他们认识，但没接触，不知道他们是干什么的。有几个是 2008 年 4 月份被抓的，我没被抓，做完这个案子我又去广东那边打工，2011 年被抓的（WSC，男，此次犯罪时 23 岁，初中没毕业，未婚，流动人口，无业，因犯抢劫罪被判处有期徒刑 11 年）。

这次是我开车，另外两个人下车，把人抓到车上面来，就威胁他，然后叫一个人去自动取款机上取钱。结果他卡上的钱跟我们心里面想象的钱有悬殊，就把人绑了，放在旅店里，让他把家里人的电话号码告诉我们，打电话到他家里去，喊他家里把钱打到卡上来。我们当时要了几万块钱，具体不记得了，但他家里人只打了两千块钱，说看人平安了以后再给我们打。不知道是警察还是他家里面的人可能发现并跟踪了我们，我们就把人放了。第三天还是第四天的时候，我在洗浴中心被抓了。我和另外几个同案是朋友。在外面的时候，朋友中有违法犯罪的，不算多，一两个人。进来之前在桑拿房、酒吧这些地方上班，一个月挣两三千。在酒吧上班的时候认识了所谓的社会上的朋友，认识他们以后一天到晚就想着玩，没心思去上班。挣一百块钱花两百块钱，上班感觉钱来得有点慢。听他们讲去抢钱来得快一点，和几个朋友一商量就去抢了（JW，男，此次犯罪时23岁，初中毕业，未婚，流动人口，无业，因犯绑架、抢劫罪被判处有期徒刑13年）。

此外，还有一些是自我控制水平低下，表现为以自我为中心，自我意识极度膨胀，面子观念很重，朋友与他人发生争执后，受"哥们义气""为朋友两肋插刀"等不良思想的影响，为了帮朋友出气，一时冲动，实施故意伤害、故意杀人、故意伤害致人死亡等严重暴力犯罪行为。

那天我在家，然后有个朋友打电话来，说我另一个朋友被打了。然后他就来找我，我们六个人就拿着钢管、刀去找他，在KTV门口会合，去车站那里找对方。看到对方之后就下车追着他们砍，结果误把一个过路的砍成重伤，后面就被抓了。我朋友当时也是被别人拿着刀追，我心想，人家有事来叫你，你不去，下回你怎么叫他。在外面交往的朋友中有违法犯罪的，不是很多，七八个，就是盗窃、打架、杀人的。我一般不惹事，都是朋友喊去帮忙（YYH，男，此次犯罪时18岁，初中毕业，未婚，本地居民，无业，因犯故意伤害致人死亡罪被判处有期徒刑4年）。

这次是我战友和他女朋友闹别扭，因为钱的事，然后他女朋友喊着闹分手，还叫了一帮社会上的人来打他。我们那天正好聚在一起，我看我战友是吊着手来的，我问干嘛，他说他被打了，我问他是被谁打了，然后他就跟我说了。我一听，就说把人约出来谈一下。约出来的时候，在夜市摊，对方拿着刀，双方没有任何的交流，就开始打。我抢了他们的刀，他们没弄倒我，反而是我把对方弄倒了。然后我们打完之后就跑了，第三天就被抓了，被抓以后才知道对方死了两个。事后赔了一百多万，但还是被判了死缓（YY，男，35 岁，初中毕业，未婚，本地居民，无业，因犯故意伤害致人死亡罪被判处死缓，同案 4 人）。

　　当时我朋友喊我去凯里那边看工地回来，半路对方开车掉头撞到我们的车了，我问他开的什么车，然后他就骂我，喊我等着，一会就有二三十个人追着我们两个人打。当时我跟我兄弟一起的，还有兄弟媳妇，他儿子才八九个月大，他们说要杀了我兄弟小孩，后面他们就走了。我听了就很冒火，然后就打电话喊我朋友提枪过来，就开车追着他们打，开了两三枪，把人打中了，轻伤二级，他们就报警了，我是投案自首的，后面给我们算的寻衅滋事、非法持有枪支。绑架是另外一起案子，因为对方赌假钱，被我们逮到了，喊他退钱，去当地派出所退的钱。后面开枪打到人了，这个事就出来了，给我们定的绑架罪（ZBG，男，此次犯罪时 22 岁，初中毕业，已婚，流动人口，无业，因犯寻衅滋事、非法持有枪支、绑架罪被判处有期徒刑 15 年）。

　　从小邻里、亲戚、朋友都没有人理睬，看够了别人的冷眼和嘲讽。后来去读职高，每年会有点助学金。后来认识一个哥哥（指在社会上结交的哥哥），混得很好，是个老痞子。然后自己在夜场，做外联，帮客人订位子，靠酒的销量拿提成，挣的不少。朋友很多，身边很多朋友都吸毒，我真的很讨厌毒品这个东西。我吸过一次，但没有毒瘾。我现在知道我朋友是利用了我，但是我饿的时候都是朋友接济我、帮助我，所以我把朋友看得很重，他们让我干什么我都会做，基本上是有求必应，我没有因为自己跟别人的矛盾打过一次架、生过一次气，（但）经常帮人家打架。我的那些朋友会把刀、钢管放在一个地方，出了事就去拿。我们这一帮比较狠，有十多个，基本上都进来了，弄了几条人命。这次有两个同案，一个现在已经回家了，就是喊我们去打人的那个女生。当时她和这个女人（被害人）是很好的朋友，我也知道她们之间的关系。这个女人跟我这个妹妹的男朋友说了我妹不好的话，导致他们两个闹分手，然后我妹就喊我们去打这个女人。当时不会问谁对谁错，就知道这个人伤害了我妹，要打她。当时也没想到把她怎么样，只想给她一个教训。结果我们打完都已经走了，另一个同案穿的是高跟鞋，又回去补了一脚，把人家一只眼睛弄爆了，瞎了，成了重伤，我们就陪她去医院，后来就被抓了（CCD，女，犯罪时 17 岁，正在一所职高读书，未婚，本地居民，因犯故意伤害罪被判处有期徒刑 4 年 11 个月，同案 2 人）。

我读到初中，毕业后就学美发，后来我和我姐开了个美发店。然后就在外面玩，去夜场玩认识了一帮朋友，但是不知道是在外面乱来的。那时候喜欢在外面玩，就是去夜场喝酒啊，玩啊，有时候去网吧上网。我这个是"交友不慎"，这帮人就是在夜场喝酒的时候认识的，然后就交朋友一起玩。那回一起去就是打抱不平，然后和他们动刀了。因为怕别人对我有意见，我都是随身带刀的。结果弄死一个。性格比较急，有点像男生性格。我跟我弟从学前班到初中都是我保护他，经常为了他去打架，但不是刻意地去惹（别人），都是打抱不平，见不得欺负人，然后我就有点急躁（LX，女，此次犯罪时 18 岁，初中毕业，未婚，流动人口，个体户，因犯故意杀人罪被判处有期徒刑 18 年）。

（四）遭受高强度的紧张事件或情形，产生愤怒等负面情绪

对于此次犯罪针对的对象是亲密伴侣的受访者来说，他们中的大多数人都受到过良好的教育，有较为稳定且体面的工作，经济收入尚可，交往的群体也是与其社会经济地位相似的群体，几乎没有违法犯罪的同伴。影响其实施故意杀人、故意伤害致人死亡等严重暴力犯罪行为的最主要因素是此前遭受了一些高强度的紧张事件或情形，如家庭矛盾、情感纠纷、遭受家庭暴力等，产生愤怒等负面情绪，但因种种原因未能从亲人和朋友那里获得高水平的社会支持，以有效缓解负面情绪的影响，加之受到自身"以自我为中心""脾气不好"等性格特征的影响，一时冲动，在争执的过程中采取一些过激的行为来应对紧张事件和情形，如将配偶/情人杀害。

　　死的是我老婆。原来我们俩感情挺好的，有两个孩子，我开了一家五金店，一个月挣七八千块钱，家庭条件还可以。后面我忙生意上的事情，也没管她，她一天闲得无聊，就开始沉迷赌博，打麻将、斗地主、炸金花。她一样都不管，吃了饭以后，锅碗瓢盆都不管，就走了。平时就给娃儿钱，让他们在外面吃，都不会在家煮，太懒了。一输钱，心情不好就发脾气，找借口要钱。因为她喜欢赌博，我就断了她的经济来源，她可能觉得心里不平衡，就经常来找我吵架，出事那天她跑到我店里面闹，把东西全砸了。砸的时候我没有制止她，她就拿东西来砸我。当时我很生气，我就抢她手里的东西，然后她就摔在地上，造成颅内出血，到医院抢救无效死了，我当天就去投案自首了。我良心过不去，毕竟是我的家人，不管她有没有过错，始终是一条人命，当时摔下去我并不是说要把她摔死，有怨气是正常的，但是我没有想害死她（LCL，男，此次犯罪时 32 岁，初中毕业，已婚，本地居民，个体户，因犯故意伤害致人死亡罪被判处有期徒刑 10 年6 个月）。

　　大专毕业以后，先后在高管局、金源电力集团工作，2011年以后我办了停薪留职，做茅台酒销售，当时酒很好卖，成立了一个公司，主要做批代。后面政府和部队禁酒令出来以后就不好卖了，我就把公司转了。结了两次婚，前面一次有一个儿子，我后面又结婚，生了一个孩子。被杀的人是我后面的妻子，因为她长期酗酒，酒品不好，经常吵架，砸东西，我这个手姆指基本上被砍废了。加上事发前三个月，小孩在花溪请人带的，因为孩子（我俩）产生经济矛盾。那天晚上我俩吵架，砸东西，烟灰缸摔碎了掉在地上，她就拿一块烟灰缸刺我，我就拿手挡，和她争夺碎片的过程中，两个人都摔在地上，我就砸在她脖子上两次。那会大概是凌晨三四点钟，我就出门了，出门的时候听见她在后面骂，说今天不是你死就是我死。她喝酒是听不进劝的，我就把门带上，出去了，我想着没什么事，因为我们两个吵架打架，一般都是冷战，一开始不会打电话的。第二天回家，我也没多想，客厅没有开灯，我走到我走的时候她追我的那个位置，她躺在那里，全部是血，人死了。我就报警了。之前因为贩毒被抓过，被判 6 个月，那个是帮朋友的忙，帮他买了 0.1 克毒品。外面交往的朋友里面有违法犯罪的，但不多，大多数都是从事正经行业或者做生意的（CBY，男，此次犯罪时 41 岁，大专学历，再婚，本地人口，无业，因犯故意杀人罪被判处死缓，曾因贩卖毒品罪被判 6 个月）。

出事前我跟爸妈还有老婆孩子一起住，平时我和我爸爸出去工地做工，我妈和我老婆不上班。之前因为盗窃待在看守所，出来回家以后发现我老婆出轨了，我问她，她说她的事不要我管，我就发火了，就吵架，然后就把她掐死了（SCS，男，此次犯罪时 23 岁，初中毕业，已婚，本地居民，无业，因犯故意伤害致人死亡罪被判处有期徒刑 11 年）。

初中毕业就没有读书了，不想读了。后面就学剪头发，认识了孩子爸爸，他是搞工程的，比我大，我俩在一起了，我就没再上班，他给我租了个房子在六盘水市里面。我怀孕几个月的时候，才知道他是有老婆孩子的，但是我没狠心打，就把孩子生下来了，他每个月给我一万块钱。生完孩子以后，我妈过来给我带，我也没怎么带孩子，就爱闲逛，有时候和朋友一起打麻将，一般输赢两三千。后来矛盾越来越大，那天我就跟踪他，然后把他拉出来打，想收拾他，想让他给孩子一个交代，给我一个交代。他一直沉默，我拿刀子刺他，结果失手了，把他杀死了。怪自己年轻气盛，发生在现在的话也不会这么严重（YHY，女，此次犯罪时 22 岁，初中毕业，未婚，本地居民，无业，因犯故意杀人罪被判处无期）。

我是四川师范大学器乐专业毕业的，在职高当老师。我刚参加工作，和孩子他爸在一个办公室，他比我大六岁，是一所中学的副校长，两个人慢慢就有感情了。他是二婚，跟他前妻生有一个女孩。结婚前我妈就不同意，跟我说他打人，还说他在外面欠账，我不相信。他和他前妻离婚，他前妻要多少钱，他就去借钱了，我问他他不承认。我印象太深了，结婚第二天他就拿着三万块钱去还账。后面我自己存了点钱，他去贷款，我们买了个房子，按揭都是我来付的。那时候我除了在学校的工资，一个月两千多，还在外面带有二三十个学生学乐器，一个月能挣七八千。从小到大我爸妈给我灌输的观念就是把钱看得很淡，导致我找男朋友根本就不看对方的经济条件好不好，感觉对就行了。我们结婚以后他跟他前妻生的女儿也是跟着我们，我从三岁带起的。结婚之前不管喝多少酒，对别人怎么样我不知道，但是对我起码是尊重的，不会对我凶，不会对我吵，对我闹，但是结了婚就完全不一样了。他酒品不好，我印象最深的是我怀孕七个月，他喝了酒，拿枕头垫在凳子上砸我。他喝酒和没喝酒完全是两个人，不喝酒的时候是个很好的人。有时候我就跟他讲，应酬的时候喝点酒很正常，但是不要一喝酒就发酒疯，睡觉就行，但（他）控制不了，一喝酒就控制不了。不光是对我，对很多人都这样，有一次他们朋友结婚，也是喝酒，在饭桌上和别人吵起来了，摔盘子摔筷子，酒品很差。他打我打得狠，有时候拿碗扔，有时候拿杯子乱扔乱砸。今晚喝酒打我了，第二天清醒了就和我道歉，说他昨晚喝多了。我提出离婚他不干，他不愿意我怎么办嘛，其实说真的，虽然生气归生气，有孩子了，我想着就是喝酒的时候对我不好，平时对我很好的，对我爸妈也好，而且我和他结婚对我爸妈来说是一件很丢脸的事，县城里教育行业都知道，一个姑娘嫁给了一个二婚的男的，我觉得离婚对不起我爸妈。那天他喝醉了，吵个嘴（指的是发生争吵），我要抱着孩子走，不想和他吵，因为他喝了酒喜欢打人。他拿着水果刀对着我孩子，说你今天敢走，那我们全部都死在家里，后来我夺过刀就把他给整到起了（在双方争夺水果刀的过程中，丈夫被刺身亡）（SXN，女，此次犯罪时28岁，本科毕业，已婚，本地居民，中学音乐老师，因犯故意杀人罪被判处有期徒刑 10 年）。

二 影响财产犯罪行为的因素

通过对 14 名财产犯的半结构式访谈资料进行分析，发现导致其实施财产犯罪行为的影响因素主要有受教育水平偏低，缺少一技之长，无稳定而正当的工作；面临较大的经济压力，产生焦虑、抑郁等负面情绪；结交不良同伴，受同伴诱导或怂恿。具体如下：

（一）受教育水平偏低，缺少一技之长，无稳定而正当的工作

除个别受访者受教育水平较高外（如 ZRY、ZS），多数受访者受教育水平偏低，过早离开学校，步入社会。由于其自身受教育水平偏低，缺少一技之长，很难找到他们认为适合的工作，工作往往不稳定，没有稳定的收入，生活比较拮据。

> 从小家里面条件就特别差，条件差就对教育不好。初中没读毕业，小时候爱在外面玩，出事前没上什么班（CAP，男，此次犯罪时 31 岁，初中没毕业，未婚，流动人口，无业，因犯盗窃罪被判处有期徒刑 13 年）。
>
> 小的时候我爸因为故意杀人坐牢了，我爸被抓一个星期我妈就走了，后面长大了我才知道，她在湖北，再婚又有小孩了。我跟着我奶奶，两个妹妹跟着我外婆。从小我三叔就对我不好，经常把我拖到楼梯上打。我只读了小学三年级，14 岁没到就出来了，在贵阳打工，最开始是在餐厅里面上班，然后又去浙江做纸和笔，后面吸毒了就没上班了（PT，女，此次犯罪时 20 岁，小学没毕业，未婚，流动人口，无业，吸毒，因犯盗窃罪被判处有期徒刑 4 年）。
>
> 十五六岁的时候父母离婚，他们感情不好，爸爸在安徽铁路上上班嘛，每年就过年的时候回家一次，后来爸妈就离婚了。我妈在家带我们四个，家庭条件不好，农村的。初中没读完，那时候贪玩，就没读完。第一次吸毒二十一二岁，吸的海洛因。朋友他们在一起吃，说试一下，然后就这样了。没吸毒之前在那个电

子厂工作，吸毒以后就不工作了（LM，女，此次犯罪时 30 岁，初中没毕业，未婚，流动人口，无业，因犯盗窃罪被判处有期徒刑 13 年）。

（二）面临较大的经济压力，产生焦虑、抑郁等负面情绪

因修房需要偿还借款、交通肇事需要支付被害人或家属赔偿金、沉迷赌博欠下赌债、吸毒成瘾需要获取毒资等各种原因，面临较大的经济压力，由此产生焦虑、沮丧等负面情绪，且缺少亲属、朋友等社会网络资源的支持，导致其无法从亲属、朋友那里获得及时有效的帮助和支持以缓解这种负面情绪。

进来之前在云南香格里拉做工程，和妻子在那边租房子住。因为挪用一百多万资金进来的。我开始在贵州安宇一家搞工程机械的公司当分公司经理，年薪大概五六十万吧。2010 年交通肇事，在重庆出的事情，车过保一个月，撞死一个人，给死者家属赔了几十万。前前后后出的车祸也比较多，出了三次，有一次是酒驾，6 个人受伤，赔了几十万，还有一次少，赔了几万块钱。收入基本上该垫的都垫出去了嘛。那时候掌管一个分公司嘛，每个月账户上流水都是几百万，分公司财务制度也不健全，这个月（挪用）几万，下个月（挪用）几万，算下来就一百多万了。当时出了这个事情之后，老总说写个借条，把原因说一下，让我继续在公司里面待，把这笔钱还上，当时也能够很快还上。2010 年到 2012 年那两年，我还继续在这个公司里面，公司没有起诉我，我还了大概五六十万，后来觉得做这一块没多大前途，也感觉生活压力大，2012 年就离开这个公司了，跟这个公司断了联系，变了手机号码，出去自己做工程。2012 年年底去的云南，一开始在昆明，后来去了香格里拉，刚把关系疏通好，还在做第一批工程的用工资料，都没做完，就进来了。那时候原来公司因为资金链出现一些分歧，就说我移民到美国了，然后就起诉我挪用资金（CW，男，此次犯罪时 33 岁，大专毕业，再婚，流动人口，个体户，因犯挪用资金罪被判处有期徒刑4年）。

之前和我老婆在四川打工，磨水晶，一个月能挣一万多点。2014年以后生意不行了，我们就回老家了。没什么活干，种地收入很少，够吃的，但没钱用。我们2007年修的房子，后面又借钱建房子，出去打工挣的钱都用来还钱了。后来就跟着同案去偷牛（WXQ，男，此次犯罪时37岁，小学没毕业，已婚，本地居民，无业，因犯盗窃罪被判处有期徒刑1年6个月）。

前夫跑车。2008年离的婚，我带着孩子过。没离婚的时候家庭收入还是挺好的，他喜欢赌钱，我也爱赌，后面也是因为这个才离的婚。之前在贵阳的一家旅游公司当导游，有团带的时候就去贵阳，没有的时候就在安顺。我是一个人，不上班的时候就陪下父母孩子，有时候会和朋友去下夜场，打麻将。从小麻将打起，越打越大，越大输得越多，挖豹子、掷骰子、看金话筒各种各样的赌。在赌场里赌，有专门放钱的人，就算我身上一分钱没有，都可以赌，有人放钱。一万块钱一天收三百块钱的利息。输了40多万，天天都要给利息。家里人不知道，进来以后所有事情都曝光，他们才知道的。这次是盗窃，和同案一起在街面的商铺里面顺手牵羊，偷了人家的手机（ZRY，女，此次犯罪时36岁，大专毕业，离婚，流动人口，无业，因犯盗窃罪被判处有期徒刑1年3个月）。

之前在贵州大学科技学院读大学，法学专业，因为入室盗窃进来的。因为赌博，欠了几十万。网上赌博，用手机电脑都可以登录，百家乐。之前在网上买黑彩票赚了几十万都输了，又管同学朋友借了几万，还贷款了一些。我犯罪的原因主要是赌博嘛，然后和朋友借了钱，不想让他们失去这份信任嘛。我在小区别墅里，看着他们不在家的时候偷偷推门进去偷，偷了四次，后来就被抓了（ZS，男，此次犯罪时22岁，本科在读，未婚，流动人口，因犯盗窃罪被判处有期徒刑3年）。

我是贵州民族大学毕业的，学体育教育的，毕业以后就在我以前的母校高中当老师。我自己不喜欢，就考在职研究生，就去成都了，接触到很多做期货的。回来以后就和朋友一起做，想着边做边读书。当时还是挺挣钱的，我自己的本金，自己炒股赚的钱肯定是我自己的。如果是客户的，他们自己要承担一定风险的，我们是二八开；他们不承担风险的，我们是五五开。产生的利益又投到里面，想的是越做越大，一个月赚几万块钱是有的。那会公司有二十多个员工，操盘手有 6 个，还有前台、跑业务的，他们是按提成拿钱的。操盘手的工资挺高，因为全靠他们，有个厉害的，比较出名，后面他赚的有股，15%。当时一直在赚钱，客户越来越多，但是后面没想到（股市）这么快就崩盘了，当时有点措手不及，又想维护公司的声誉，觉得是暂时现象，公司几个人就想着在奥运会之前股市应该会很稳定的，就去借钱来守住这个公司。刚开始是我一个人借的，找一个做民间借贷的人拿了三百多万，因为我们有生意上的往来，关系也比较好，我用房子做抵押。后来漏洞越来越大，需要的钱越来越多，没有东西可以（抵）押了，就去做了很多假证，他出于对我的信任，也没有查。后面我压力比较大了，他也觉得不对劲了，因为我的车只有一辆，为什么会有两三辆车（抵押），因为那些车是租赁公司租的，租来一天，把行车证什么的拿去复印。后来他是怎么发现的我也不知道，后来就进来了。我是比较勤奋的人，喜欢去做事，通过自己的努力找钱也很愉快，我不愿意去靠谁，性格问题。我总结了一下，走到今天，是性格害了我，我觉得出于对他的感恩嘛，我就又去别的地方，想方设法筹钱先把他的钱还了，这样就走远了（XSL，女，此次犯罪时 25 岁，在职研究生毕业，未婚，本地居民，公司负责人，因犯诈骗罪被判处有期徒刑 13 年）。

（三）结交不良同伴，受同伴诱导或怂恿

平时喜欢在外面玩，结交了一些违法犯罪的同伴，加之自身法律意识淡薄，遇事容易冲动，不去考虑行为可能带来的后果，在不良同伴的诱导或怂恿下，参与实施盗窃、挪用资金、诈骗等财产犯罪活动。

家是安顺的。在外面的时候朋友很多，其中有几个是违法犯罪的。同案是我们寨子里面的，算邻居，我俩一样大，从小玩得很好。他喊我去拖车，我俩开着单排坐的小货车跑出去兴义兴仁拖东西回来，是 8 辆摩托车，我知道是他们偷来的，装车之后就被抓了（CAP，男，此次犯罪时 31 岁，初中没毕业，未婚，流动人口，无业，因犯盗窃罪被判处有期徒刑 13 年）。

出事那段时间我高中刚毕业，考起西安一个大学，但是我不想去读，我父亲准备让我去参军。那段时间经常和朋友待在一起，都是社会上的人，我们一个地方的，有的读到初中，甚至初中都没读，读到小学或者小学刚毕业。一开始认识他们以后，大家一起玩，他们经常喊我开车送他们到不同的地方玩。我十一二岁就会开车，因为我家附近就是一个学校，我父亲以前有车，我从小就在学校操场练习（开车）。开始不知道是偷来的车，等他们偷完去卖，分钱给我我就知道了。他们用铁丝开车门，我负责开车，盗窃了七八辆车，涉案金额是 130 多万，每次能分给我三四千块钱（FB，男，此次犯罪时 25 岁，高中毕业，未婚，本地居民，无业，因犯盗窃罪被判处有期徒刑 6 年）。

同案是我认识的朋友，他们有技巧，我不会，他们都是有案底的。如果不是后面接触的这些朋友，这种环境，也不会发生这种事情（ZRY，女，此次犯罪时 36 岁，大专毕业，离婚，流动人口，无业，因犯盗窃罪被判处有期徒刑 1 年 3 个月）。

我第一次吸毒的时候 18 岁，我朋友带我去吸的，冰毒。那时候去湖北我妈那，那天和我妈吵架了，我朋友打电话给我，喊我出去玩，出去玩就吸毒了。后面我在贵阳认识一个哥嘛，在夜场给我们冰毒，我就和人家贩毒。因为我男朋友在我手上拿药，我们就认识了，刚开始我不知道他是做什么的，后面我才知道是搞盗窃的，之前好像进过派出所。我吸冰毒应该有三四年了，后面也吸海洛因，吸了不到一年时间。我开始真不知道他们是偷人家的车，他给我打电话，我拿药去的时候，我看到不对劲，一天开一个车来，就问他一个朋友，在搞什么鬼，半夜三更推个车来，后来才知道的。他们负责偷，我负责看风。在外面的时候交往的朋友很多，基本上在贵阳哪里我都认得到朋友，违法犯罪的也多（PT，女，此次犯罪时 20 岁，小学没毕业，未婚，流动人口，无业，吸毒，因犯盗窃罪被判处有期徒刑 4 年）。

　　以前经常在外面玩。我有男朋友，他是物流公司的，开车跑广州那边，不经常住在一起，他不吸毒，劝我戒毒，戒了几次都没成功，吸了一年多两年。一个男的一个女的，打工回来嘛，就跟他吹牛啊，诈骗嘛，他们把那个银行卡密码告诉我们了，他不知道，我们就拿着他的卡去取钱。开始的时候也不想去，是朋友他们打电话叫我跟他们去，他们就教我嘛，教我怎样做（LM，女，此次犯罪时 30 岁，初中没毕业，未婚，流动人口，无业，因犯盗窃罪被判处有期徒刑 13 年）。

三　影响毒品犯罪行为的因素

通过对 19 名毒品犯的半结构式访谈资料进行分析，发现导致其实施毒品犯罪行为的影响因素主要有结交吸毒同伴，开始首次吸毒；吸毒成瘾后，为获取毒资开始以贩养吸；追求享乐，为挣快钱，贩卖或运输毒品。具体如下：

（一）结交吸毒同伴，开始首次吸毒

绝大多数受访者表示年幼时不想读书，贪玩，过早离开学校，步入社会。不想受到父母的管制，选择一个人或跟朋友在外租房居住，经常与一些不三不四的朋友混迹于街头、酒吧、KTV 等娱乐场所。此时朋辈群体成为他们重要的交往对象，朋辈群体的一言一行都对他们产生非常直接和明显的影响。由于社会阅历不足，认知能力有限，对毒品存在一些错误和片面认识，认为毒品尤其是新型毒品不会成瘾，对身体无害，还有减肥、止痛等功效。加之刚脱离了父母的管制，对很多被社会、家庭所明令禁止的事充满了好奇，容易冲动的个性特征使得他们很容易受到吸毒同伴的诱惑、误导或迫于同伴交往的压力，将毒品当作一件新鲜事物去探索，① 开始首次尝试吸食毒品。

> 初中毕业以后就一直在家。第一次吸毒的时候我 17 岁，朋友带去的，吸的冰毒。吸了两年，每天大概吸 1 克。吸完以后觉得很兴奋。吸了一年多以后父母才知道，他们让我戒（PXQ，女，此次犯罪时 20 岁，初中毕业，未婚，本地居民，无业，吸毒，因犯贩卖毒品罪被判处有期徒刑 3 年）。

> 因为贪玩，初中没毕业就不读书了，平时经常跟朋友唱歌这些。第一次吸毒 19 岁，因为好奇，跟着朋友去他租的房子里吸的冰毒（HYL，女，此次犯罪时 20 岁，初中没毕业，未婚，本地居民，无业，吸毒，因犯贩卖毒品罪被判处有期徒刑 9 年半）。

> 读了初三没毕业就不想读了，因为玩性大。第一次吸毒 23 岁，跟着两个朋友吸的冰毒。因为好奇心重，觉得冰毒不一样，不知道它是毒品。我们刚吸的时候，觉得冰毒不是毒品，觉得不会这么严重，冰毒不会发毒瘾，最多睡上几天（DM，女，此次犯罪时 23 岁，初中没毕业，未婚，本地居民，无业，吸毒，因犯贩卖毒品罪被判处有期徒刑 1 年 10 个月）。

> 以前在花溪做水果批发生意，认识几个老乡，带我去吸毒，带我去电玩城打鲨鱼，后来就变坏了。第一次吸毒是一个叫强强的朋友带我去的，当时不知道是毒品，他只说吃了兴奋。吸了之后，稍微多一点，头皮有点麻，话有点多。海洛因我是不沾的，那个要上瘾的，吃海洛因的人我都很讨厌，我从小就知道那个的危害，吃得倾家荡产。冰毒没那么上瘾，没有那个危害大（XWJ，男，此次犯罪时 36 岁，初中毕业，离婚，流动人口，无业，因犯贩卖毒品罪被判处无期徒刑）。

> 第一次吸毒 14 岁不到，读初二第一学期，同班同学一个女

---

① 洪佩：《社会转型初期青少年吸毒者的毒品使用生涯研究》，《当代青年研究》2021 年第 1 期。

孩（系吸毒人员）把我骗出来了，带我去那个地方（指娱乐场所），遇到一个姐姐，她各种威胁我，说"你要是走了，隔壁几个兄弟过来，结果你自己想象！"那时候太单纯了，就不敢走了，跟着她一起吸毒贩毒（HJJ，女，此次犯罪时 22 岁，初中没毕业，未婚，本地居民，无业，吸毒，因犯贩卖毒品罪被判处有期徒刑 15 年）。

还有一些人是遭遇一些负面的生活事件，心情很烦躁，听到朋友说毒品可以带来飘飘欲仙的愉悦感，所以想要尝试通过吸毒来寻求瞬间强烈的精神刺激，以逃避生活中弥散的挫折、空虚、不如意。

第一次吸毒二十四五岁，吸的海洛因，是跟着我老公一起吸的，他之前就是吸毒的，跟他结婚的时候他已经戒了，后来烦的时候又开始吸了。我心情不好，觉得要吸大家吸，就吸了（ZDJ，女，此次犯罪时 40 岁，初中没毕业，离婚，本地居民，无业，吸毒，因犯贩卖毒品罪被判处有期徒刑 1 年）。

（二）吸毒成瘾后，为获取毒资开始以贩养吸

尽管第一次吸毒的体验并不是很好，尤其是生理上的不适反应非常明显，但慢慢习惯后就喜欢上了吸毒后"飘飘欲仙"的感觉，身体出现了明显的成瘾症状。吸毒后社交生活发生明显的变化，之前交往的正常群体逐渐疏远，交往的对象慢慢只剩下吸毒贩毒的人群，他们难以脱离这个毒友圈。虽然他们中途也会尝试戒毒，但毒瘾最难戒的是"心瘾"，很多吸毒人员在戒毒所里戒掉毒瘾、回归社会后，一旦面临较大的生活压力或遇到之前的"毒友"，复吸的概率非常高。由于毒品售价高昂，购买毒品需要花费大量的金钱，他们很快就家财散尽，加之吸毒后变得很懒惰，不想再工作，所以绝大多数吸毒人员都很快就面临经济困难，生活陷入困境。对于吸毒成瘾的他们来说，急需弄到钱购买毒品。此时其交往的吸毒同伴往往就成为他们贩卖毒品时重要的"货源"和"客户"，通过贩卖毒品获利，走上以贩养吸

的道路。

以前在外面是做酒、卖酒的，茅台、五粮液这种中华名酒，真的假的都卖，一个月能挣一两万。本来做得挺好的，后来因为吸毒，瘾上来了酒就不好好卖了，没心思做酒了。吸的海洛因，每天要吸七八克，大概四千块钱左右，吸了五六年了，但是我吸毒从来不找家里面要钱，都是自己挣，以前做酒的时候赚的钱都吸完了，我就开始贩毒了。因为不想让家里人知道我吸毒贩毒，就和我女朋友在外面租房子住。交往的朋友中有一些是从事违法犯罪的。运过很多次毒了，这次是我同案从云南发过来，有1千多克，我从清镇贩到上海。我们进货一克是两百多，到上海可以卖四五百，我们就赚差价（LCG，男，此次犯罪时26岁，小学毕业，未婚，流动人口，无业，吸毒，因犯贩卖毒品罪被判处死缓）。

这次因为贩卖一百多克冰毒被抓。我贩毒是为了生活嘛。2004年，我24岁，在深圳那边开服装厂。后来开始吸毒，（毒品）这个东西让人变得很堕落，不想做事。后来就开始卖零包，干了七八个月，但也挣不到钱。一天就算发两千块钱（的毒品），除去本钱五六百，还有千把块钱，要打车、零用，自己还要吸，基本上只能保住自己的开销。下线很多是朋友介绍的，他们是商场里面的浙江老板。有人打电话给我要货，我就打车送过去。有些是在酒店开好房，打电话叫我送过去，浙江老板有钱嘛，吃了就在电脑上斗牛牛（一种赌博），打得很大，一个月输二三十万。（我之前）偶尔吸一下，不经常，有时候晚上要出去（送药）就吃几口，大概0.1克，不睡觉，提神（XWJ，男，此次犯罪时31岁，初中毕业，离婚，流动人口，无业，因犯贩卖毒品罪被判处无期徒刑）。

被抓之前也在卖，从朋友手上拿货，一次拿20多克，买的时候60多一克，卖零包的话，三四百一克。这次是贩卖24克冰毒被抓。这个毒瘾不大，也难受，但可以控制得住，难受起来觉得心里面很烦躁。接触的朋友都是些吸毒的（PXQ，女，此次犯罪时20岁，初中毕业，未婚，本地居民，无业，吸毒，因犯贩卖毒品罪被判处有期徒刑3年）。

吸了十多年，每天吸一点点，具体多少克没算，真的吃不起。以前出租车是我自家的，后来吸毒把出租车都卖了。我老公之前在税务局上班，跟着一个女生就吸上了，真的是一个传一个，一个带一个。后来我俩都没事做了，2010年我们就离婚了，离婚以后我俩生了一个孩子。怀孩子的时候我也吸毒，因为平时吸得少，所以孩子没什么事。后面我自己带着孩子过，开始以贩养吸。这次是贩卖海洛因3克。吸毒的人跟吸毒的人在一起，就很难戒掉（ZDJ，女，此次犯罪时40岁，初中没毕业，离婚，本地居民，无业，吸毒，因犯贩卖毒品罪被判处有期徒刑1年）。

吸完毒以后自己会发生一些变化，比如今天决定要去做一件事，但是第二天就不想去了，反正我感觉就是被控制了，就想去玩。玩这个东西（指毒品）肯定不是我一个人玩，我朋友也玩，一个人是不会去玩的。玩这个东西的人不爱往外面跑，比如我在房间里，可以一两个月不出门，吃东西要么打电话叫外卖，要么在外面走几步买点吃的，反正不会想着逛街。出事前跟男朋友在外面租房住，他家是拆迁户，他付房租，租的房子离家很近，坐车十分钟，有时候我妈下班我就回家看看。男朋友也吸毒，大家坐在一起吸毒的时候认识的。此次是贩卖毒品0.83克进来的（DM，女，此次犯罪时23岁，初中没毕业，未婚，本地居民，无业，吸毒，因犯贩卖毒品罪被判处有期徒刑1年10个月）。

吸上毒品以后，就觉得没办法面对家里面，不敢回家。她（最开始带她吸毒的姐姐）贩毒，我帮她送毒品，买衣服、租房子都是她付钱，什么时候都在一起。后来我跟这个姐姐分开了，身边自然而然就都是吸毒的了。后面我就开始自己卖冰毒。我男朋友在赌场上放水（指放高利贷），我和他在一起以后，他就很少去了，然后就和我在一起，开始贩毒。他之前吸白粉（指海洛因）的，后面戒了，吸冰毒。我们租房子同居。我们进一次货就是一两千克左右，出一次货就是几百克。进价是一克40块钱，最早（一克）卖400块钱，后面是150块钱。开始的时候人还很少（指的是客户），后来一个介绍一个，人就多了。卖了两三年了，没挣多少钱，挣得钱都输了。吸了这个东西就很执着，做事情很专注，那段时间就爱上了网络赌博，每天找多少钱输多少钱，没存钱，多余的钱就租房子、生活用了，而且大手大脚惯了，生活开销特别厉害，比如买衣服、逛街，请朋友去酒吧玩喝酒什么的。在外面朋友很多，都是吸贩毒的。吸这个会让人吃不下东西、睡不着觉，还会让人兴奋，让人玩的时候很执着。每天吸的量不固定，忙的时候吸得少些，不忙的时候吸得多些。这次是和男朋友还有另一个男生贩卖300多克冰毒（HJJ，女，此次犯罪时22岁，初中没毕业，未婚，本地居民，无业，吸毒，因犯贩卖毒品罪被判处有期徒刑15年）。

（三）追求享乐，为挣快钱，贩卖或运输毒品

除此之外，还有一些自身不吸毒的，因为面临较大的经济压力，或个人收入无法满足自己的消费需求，且不愿通过辛苦劳动获取更高的收入，在不良同伴的诱导或劝说下，为获取巨额利益，走上运输毒品、贩卖毒品的道路。

我从来没吸过毒。2001年开始离开家，外出务工。出事前在浙江工厂里当普工，一个月挣两千多块钱，和妻子一起抚养3个孩子，家庭经济状况很不好，穷。因为父亲生病，出事前几个月从浙江回到云南老家。二哥（堂哥）喊着一起来贵州，二哥拿海洛因，我给他提着卖海洛因的钱，一共是107600块钱，出来就被抓了（CHG，男，此次犯罪时36岁，初中没毕业，已婚，流动人口，无业，因犯贩卖毒品罪被判处有期徒刑7年）。

小学时学习成绩一般，因为家里的原因，小学没毕业就不读书了。父母常年在昆明打工，一共就见过父亲一两次，后来父

2008 年在云南打工时失踪，母亲也改嫁了。跟母亲关系一直不好，恨她，因为父亲的事情只有她知道，父亲可能是她害的。家里有 6 个孩子，底下有 5 个弟弟妹妹，一直跟爷爷奶奶一起生活，生活很艰苦。出事前在工地打工，一个月挣五六千块钱，每个月会给爷爷奶奶一些钱养弟弟妹妹。在外面没什么真心的朋友，有一次在外面出了车祸，脚趾头坏了，喊了朋友来，欠了医院两千块钱，结果朋友走掉了，感到挺沮丧的。这次出事是一个刚认识的朋友让我把 1000 多克海洛因从昆明带到贵阳，坐客运大巴到一个收费站的时候被抓了。之前不知道那个是海洛因，他用塑料袋包装起来的（LYF，男，此次犯罪时 19 岁，小学没毕业，未婚，流动人口，无业，因犯运输毒品罪被判处有期徒刑 10 年）。

老家是织金的，父母务农，父亲身体特别差，家里条件很差，初中毕业就不读书了。在贵阳待了差不多十年，出事前和女朋友租房子住。自己不吸毒。之前在酒店、KTV 这些娱乐场所上班，后面认识了一个同乡，就走上了这条路。这次是跟另外三个人一起从云南运海洛因到贵州凯里，自己负责开车，在云南保山市被抓。我想着以前每天早上四五点钟起床，晚上 12 点才睡，一个月才挣几千块钱，这个只要开车，两三天就能挣到 10 万块钱，我就答应了（QC，男，此次犯罪时 27 岁，初中毕业，未婚，流动人口，无业，因犯贩卖、运输毒品罪被判处有期徒刑 15 年）。

从小家里条件还可以，比上不足比下有余。十多岁读书的时候经常跟人家打架，赔了人家好多钱。以前没工作过，高中毕业以后就在社会上了，后面就搞这个了。我和我老婆都不吸毒。我平时花钱大手大脚的，也喜欢网上赌球，没钱用了就想到贩毒。上下线都是身边的一些朋友，我就拿毒品过来卖给他们。朋友多，吸毒贩毒的多，违法犯罪的多，在社会上乱整。这次是我一个人开车去广东陆丰甲子镇买了 1000 多克冰毒麻古拉回来，我老婆开车在检查站等我，结果被查到了，她被判了 7 年，我被判了死缓。那边冰毒 18 块钱一克，麻古 3—5 块钱一克。我卖的话冰毒 340 块钱一克，麻古 35 块钱一克（DX，男，此次犯罪时 25 岁，高中毕业，已婚，流动人口，无业，因犯贩卖毒品罪被判处死缓）。

我不吸毒。出事前跟老公住在广东他们家那边，出事后老公和我离婚了。这次是和两个女的一个男的合伙，他们都是我前夫他们村里的，乘坐客运大巴将 80 多克毒品从广东运到贵州安顺，在收费站被抓。我跟这几个朋友经常一起喝酒，他们以前干过（指贩过毒），听他们说贩毒钱来得快，他们有人要，就去（广东拿货）。我就和他们一起，第一次就被抓了。以前帮堂哥买过毒品，他吸这个（HYM，女，此次犯罪时 32 岁，初中毕业，离婚，流动人口，无业，因犯贩卖毒品罪被判处有期徒刑 12 年）。

爸爸是背背篼的，妈妈生病十多年了，家里贫困，他们为了钱，天天吵架打架。出事前和男朋友同居了个把月，住在他家。我不吸毒，是我男朋友带我去贩毒的，但是他没被抓到。我跟一个男性朋友一起去的，他说管吃管住，还给我四千块钱。到了景洪，卖主跟我讲在哪个宾馆，我去拿货。就在那边待一两天就回来了，回来的时候，我吞了 90 多克毒品，他吞了一百多克毒品，从云南乘飞机来贵阳，然后被抓了。在外面玩的时候朋友多，有一些违法犯罪的。男朋友应该犯罪，在外面的时候，没有固定工作，都是混日子（YXL，女，此次犯罪时 18 岁，初中毕业，未婚，流动人口，无业，因犯运输毒品罪被判处有期徒刑 15 年）。

通过对定性资料的分析，可以发现影响服刑人员实施犯罪行为的因素主要来自三个方面，即自我控制水平低下、与违法同伴交往、经历高强度的紧张事件和情形，犯罪行为的发生是上述因素共同作用的结果，但是这些因素对不同类型犯罪行为的影响程度和作用机制有所不同。总的来看，定性数据的分析结果基本上支持了定量数据的分析结果，二者互为补充、相互印证，进一步揭示了社会转型背景下影响各类人群实施犯罪行为的因素。此外，流动人口的身份似乎对他们实施犯罪行为的影响不大，或者说流动人口的身份本身对犯罪行为不具有直接影响，而是通过经济压力、受教育水平等因素，对犯罪行为产生间接影响。

第六章　结论与建议

本书采取定量研究与定性研究相结合的方法，对贵州省三所监狱的 1518 名服刑人员进行问卷调查，并从中选取 62 名服刑人员进行一对一的半结构式访谈，考察服刑人员被捕前实施各类犯罪行为的频率以及影响其实施犯罪行为的相关因素。通过对定量数据和定性数据进行分析，对研究假设逐一进行了验证，得出以下研究结论。

第一节　研究结论

一　影响犯罪行为的相关因素

（一）自我控制水平对犯罪行为的影响

考察自我控制水平对服刑人员自我报告犯罪行为的影响，发现自我控制是一个多维度的概念，各维度对不同类型犯罪行为的影响有所不同。当所有变量都纳入模型之后，以自我为中心、反复无常的脾气两个维度对暴力犯罪行为具有显著正向影响，冲动维度对毒品犯罪行为具有显著正向影响。该研究发现与以往的一些研究发现基本一致，例如，Altman 等学者（1996）研究发现冲动是影响吸毒人员吸毒行为和复吸行为的重要人格因素。[①] Conner 等学者（2009）研究发现自

---

① Altman J., Everitt B. J., Glautier S., et al., "The Biological, Social and Clinical Bases of Drug Addiction: Commentary and Debate", *Psychopharmacology*, Vol. 125, No. 4, 1996, pp. 285–345.

我控制是一个多维度的概念，各维度对犯罪行为的影响有所不同，其中的冒险和反复无常的脾气两个维度是暴力犯罪行为的显著影响因素。[①] Chui 和 Chan（2016）研究发现自我控制是一个多维度的概念，其中的冒险、对躯体活动的偏好、以自我为中心、反复无常的脾气维度是暴力犯罪行为的显著影响因素。[②] 周丽等学者（2017）基于中国深圳1582名中职学生的调查数据，研究发现冲动是中职学生使用毒品的显著影响因素。[③] 定性数据的分析结果也支持了上述研究发现。

可能的解释是以自我为中心的人，过分崇尚自我，片面强调个人价值，容易与他人发生矛盾和冲突，进而引发与他人打架、伤害他人等暴力犯罪行为；脾气反复无常的人，不能很好地管理或调节自己的情绪，情绪起伏波动大，容易受到外界因素的影响，粗暴、易怒，即便是他人很轻微的言语或行为挑衅，也可能激发其采取暴力的手段作出回应；具有冲动性特质的人，通常伴有情绪不稳定、缺乏自我控制能力、做事欠缺考虑、偏好风险行为等特质，如果结交吸毒同伴，目睹同伴吸毒，可能会在同伴的教唆、引诱或言语刺激下，一时冲动，吸食毒品。简单任务的偏好、冒险两个维度对暴力犯罪行为和毒品犯罪行为均不存在显著影响。未来需要继续评估这两个维度与犯罪行为的关系，并分析自我控制的某些维度为什么比另一些维度能够更有效地预测犯罪行为。

此外，研究发现自我控制的五个维度对财产犯罪行为都不具有显著影响，可能是因为财产犯罪行为与其他犯罪不同，更容易受到外部环境的影响，如犯罪的适宜目标（即存在容易被盗取的财物）、被害人（即存在能够被偷窃其财物的人）、对犯罪人所期望的不受惩罚感

[①] Conner B. T. , Stein J. A. , Longshore D. , "Examining Self-control as a Multidimensional Predictor of Crime and Drug Use in Adolescents with Criminal Histories", *Journal of Behavioral Health Services & Research*, Vol. 36, No. 2, 2009, pp. 137 – 149.

[②] Chui W. H. , Chan H. C. , "The Gendered Analysis of Self-control on Theft and Violent Delinquency: An Examination of Hong Kong Adolescent Population", *Crime & Delinquency*, Vol. 62, No. 12, 2016, pp. 1648 – 1677.

[③] 周丽、谌丁艳、罗青山等：《深圳市中职学生毒品使用情况和影响因素分析》，《中国健康教育》2017 年第 1 期。

有影响的因素（即黑暗、匿名性、被害人的易受侵害性），[1] 个体的自我控制水平对财产犯罪行为能够产生的影响相对有限。

　　总的来看，研究发现部分支持了犯罪的一般理论的核心观点，证实该理论可以在一定程度上解释中国成年犯罪人群体的暴力犯罪行为和毒品犯罪行为。但是戈特弗里德森和赫希声称自我控制水平是影响犯罪的唯一因素的观点并没有得到支持，因为研究发现除自我控制水平之外，与违法同伴交往、紧张以及一些人口背景特征也会对犯罪行为产生显著影响。

　　（二）与违法同伴交往对犯罪行为的影响

　　考察与违法同伴交往对服刑人员自我报告犯罪行为的影响，发现即便控制了来自其他与之相竞争的理论的关键变量（如自我控制水平、紧张）和人口背景特征之后，与违法同伴交往始终对暴力犯罪行为、毒品犯罪行为具有显著正向影响，且影响力较大。定性数据的分析结果也支持了这一研究发现。该研究发现与以往的一些研究发现基本一致，例如，Bao 等学者（2004）研究发现与违法同伴交往对暴力犯罪行为具有显著影响，而且影响力较大。[2] 景军（2009）查阅了清华大学艾滋病政策研究中心协助完成的两份吸毒调查报告后，发现很多吸毒人员首次接触毒品的中介是朋友。[3] 刘柳和段慧娟（2015）通过对 46 名东部地区一所女子强制隔离戒毒所的女性吸毒人员进行访谈，发现绝大多数受访者首次接触毒品或多或少都与不良的交际圈子相关，毒友的引诱和误导是其尝试毒品的一个重要原因，吸毒同伴的相互影响直接导致吸毒行为的长期保持以及戒断存在较大困难。[4] Zhang 等学者（2016）研究发现与使用毒品的同伴交往或者与因使用

---

　　① ［美］迈克尔·戈特弗里德森、特拉维斯·赫希：《犯罪的一般理论》，吴宗宪译，中国人民公安大学出版社 2009 年版，第 14 页。

　　② Bao W. N., Haas A., Pi Y., "Life Strain, Negative Emotions, and Delinquency: An Empirical Test of General Strain Theory in the People's Republic of China", *International Journal of Offender Therapy & Comparative Criminology*, Vol. 48, No. 3, 2004, pp. 281 – 297.

　　③ 景军：《中国青少年吸毒经历分析》，《青年研究》2009 年第 6 期。

　　④ 刘柳、段慧娟：《关于中国女性吸毒者维持毒品使用行为的研究》，《人口与发展》2015 年第 4 期。

毒品、买卖毒品被逮捕的同伴交往对其实施毒品犯罪行为具有直接影响。[①]

不难理解，个体与违法同伴交往，将增加其目睹犯罪行为、卷入犯罪情境以及接触犯罪亚文化、毒品亚文化的可能性，容易让其习得实施犯罪行为的技巧以及犯罪动机、犯罪内驱力、犯罪合理化认识、犯罪态度的具体倾向，逐渐认同并接受不良群体的价值观和行为准则，导致他们走上实施各类暴力犯罪行为或吸毒贩毒的道路。但是研究发现与违法同伴交往对财产犯罪行为不具有显著影响。以往也有研究得出类似结论，例如，Zhang 等学者（2016）研究发现与违法同伴交往对财产犯罪行为既不存在直接影响，也不存在间接影响。[②] 分析其原因可能还是在于财产犯罪本身具有一定的特殊性。

总的来看，研究发现有力地支持了社会学习理论中有关差别接触的观点，证实该理论可以在一定程度上解释中国成年犯罪人群体的暴力犯罪行为和毒品犯罪行为。

（三）紧张对犯罪行为的影响

本书选取了在中国较为常见的四种紧张事件和情形，即经济压力、被害经历、不利的社区环境、负面生活事件，考察上述紧张事件和情形对服刑人员自我报告犯罪行为的影响，发现不同类型的紧张事件和情形对不同类型犯罪行为的影响有所不同。当所有自变量都纳入回归模型之后，暴力犯罪被害经历对暴力犯罪行为和财产犯罪行为具有显著正向影响，社区解组程度对暴力犯罪行为具有显著负向影响，试图自杀对毒品犯罪行为具有显著正向影响，受重伤对暴力犯罪行为具有显著正向影响，经济压力、财产犯罪被害经历、重病对上述三类犯罪行为都不具有显著影响。以往的研究也得出了类似的结论，Bar-

---

① Zhang Hongwei, Zhao Jihong Solomen, Ren Ling, Zhao Ruohui, "Subculture, Gang Involvement, and Delinquency: A Study of Incarcerated Youth in China", *Justice Quarterly*, Vol. 34, No. 6, 2016, pp. 952 –977.

② Zhang Hongwei, Zhao Jihong Solomen, Ren Ling, Zhao Ruohui, "Subculture, Gang Involvement, and Delinquency: A Study of Incarcerated Youth in China", *Justice Quarterly*, Vol. 34, No. 6, 2016, pp. 952 –977.

on（2004）研究发现负面生活事件、被害经历与暴力犯罪行为存在显著相关关系。[①] Slocum 等学者（2005）研究发现不同类型的紧张导致不同类型的犯罪行为，负面生活事件的经历、被害经历是暴力犯罪行为的显著影响因素，经历过越多负面生活事件、遭受过越多犯罪侵害的个体越可能实施暴力犯罪行为。[②] 定性数据的分析结果也支持了这一研究发现。

对此可能的解释是，一般来说，遭受暴力犯罪的侵害，通常被视为不公、强度很大，有时甚至是创伤性的，极易引发愤怒等负面情绪，而愤怒容易让人产生报复的欲望，减少对行为后果的关注，进而引发暴力犯罪行为，而且目睹他人对自己实施犯罪，也容易导致自己对犯罪行为不再敏感，产生犯罪合理化认识，降低自我约束，进而诱发暴力犯罪行为和财产犯罪行为。按照社会解组理论的观点，解组程度越高的小区或村里，社会失序、物质失序越严重，居民异质性高、流动性大，阻碍了居民之间建立并维持互惠的、相互依赖的关系，加剧了不同群体之间和群体内部的不信任与冲突，削弱了非正式的社会控制，个体实施暴力犯罪变得更加容易，进而增加其实施暴力犯罪行为的可能性。个体遭受重伤，尤其是创伤性脑损伤后，出现的一些情绪和行为问题，会导致其冲动性和攻击性增加，进而增加其实施暴力犯罪行为的风险。[③] 曾试图自杀的个体可能存在沮丧、抑郁等负面情绪，一些人可能会选择采取吸毒的方式来缓解这些负面情绪。

此外，研究发现经济压力、暴力犯罪被害经历、财产犯罪被害经历、社区解组这些常见的犯因性紧张对毒品犯罪行为都不具有显著影响，仅有试图自杀这一负面生活事件对毒品犯罪行为具有显著影响。这可能与毒品犯罪具有一定的特殊性有关。众所周知，毒品售价高

---

① Baron S. W. , "General Strain, Street Youth and Crime: A Test of Agnew's Revised Theory", *Criminology*, Vol. 42, No. 2, 2004, pp. 457 – 484.

② Slocum L. A. , Simpson S. S. , Smith D. A. , "Strained Lives and Crime: Examining intra-individual Variation in Strain and Offending in a Sample of Incarcerated Women", *Criminology*, Vol. 43, No. 4, 2005, pp. 1067 – 1110.

③ Jessica Marie Mongilio, "Childhood Traumatic Brain Injury as a Risk Factor for Adolescent Delinquent Behavior", Ph. D. dissertation, The Pennsylvania State University, 2020.

昂，具有较强的致瘾性，个体一旦对毒品产生生理依赖和心理依赖，之后经历的紧张事件和情形对其吸毒行为和买卖毒品行为能够产生的影响就会变得非常有限。

总的来说，研究发现有力地支持了一般紧张理论的核心观点，经历了越高强度紧张事件或情形的服刑人员，自我报告实施了越多的犯罪行为，证实一般紧张理论可以适用于中国，解释中国成年犯罪人群体的犯罪行为。

（四）户籍类型对犯罪行为的影响

独立样本 T 检验的结果表明，两组人群在暴力犯罪行为的频数上不存在显著差异。双变量相关分析结果也表明，户籍类型与暴力犯罪行为之间不存在显著相关关系。但是在控制了自我控制水平、与违法同伴交往、紧张以及其他人口背景特征变量之后，户籍类型对暴力犯罪行为具有显著正向影响。与当前主流观点以及之前的推断相反，与服刑人员中的流动人口相比，本地居民自我报告实施了更多的暴力犯罪行为。此外，户籍类型对毒品犯罪行为也具有显著正向影响，服刑人员中本地居民自我报告实施了更多的毒品犯罪行为，但是当模型中纳入自我控制等变量后，户籍类型对毒品犯罪行为的影响不再显著，也就是说其他变量在户籍类型与毒品犯罪行为之间发挥了完全中介作用，造成两组人群在毒品犯罪行为频数上的差异被全部消减。

（五）相关人口背景特征对犯罪行为的影响

通过考察性别、犯罪时的年龄、婚姻状况、就业状况、文化程度、住房位置等人口背景特征对服刑人员自我报告犯罪行为的影响，发现男性、年龄越小的服刑人员自我报告实施了越多的暴力犯罪行为和财产犯罪行为。以往的研究也得出了相同的结论，陈曦和钟华（2012）研究发现男性比女性实施了更多的越轨行为。[1] Eitle 等学者（2013）研究发现性别、年龄是暴力犯罪行为和财产犯罪行为的显著

---

[1]　陈曦、钟华：《压力、负面情绪与中国流动儿童的越轨行为》，《青少年犯罪问题》2012 年第 5 期。

影响因素。[1] Lo 等学者（2016）研究发现男性比女性实施了更多的轻微犯罪行为和严重犯罪行为。[2]

男性服刑人员自我报告被捕前 1 年里实施了更多的暴力犯罪行为和财产犯罪行为，其原因可能是虽然一直以来中国都提倡男女平等，但对不同性别群体的要求与期望仍存在明显的差异，如通常将女性社会化为被动和顺从的个体，将男性教导为独立的风险承担者，女性比男性更容易受到监视、她们的不端行为更可能被发现并受到惩罚，所以女性的自我控制水平普遍高于男性，并且女性外出活动往往也会受到更多的限制，进而降低其结交违法同伴、接触犯罪亚文化、卷入犯罪情境的可能性。[3] 此外，不同性别人群在应对紧张的方式上也存在一定差异，女性倾向于将紧张内化，容易产生自责、悲伤、沮丧、抑郁等负面情绪，更可能采取吸毒或是其他指向自己的犯罪形式来缓解紧张和/或负面情绪，而男性倾向于将紧张外化，容易产生愤怒等负面情绪，更可能采取指向他人的犯罪形式，通过实施更多的犯罪行为来缓解紧张和/或负面情绪。[4]

年龄越小的服刑人员实施了越多的暴力犯罪行为和财产犯罪行为，其原因可能在于，一是年轻人社会阅历不足，看待问题往往非常片面，和平解决冲突的能力不足，陷入纠纷或遇到冲突时，容易行事鲁莽，采取简单粗暴的方式来解决纠纷和冲突；二是辨别是非的能力不足，容易受到违法同伴的影响，认同并接受不良群体的价值观和行

① Eitle D., Eitle T. M., "General Strain Theory and Delinquency: Extending a Popular Explanation to American Indian Youth", *Youth & Society*, Vol. 48, No. 4, 2013, pp. 470 – 495.

② Lo C. C., Cheng T. C., Bohm M., et al., "Rural-to-Urban Migration, Strain, and Juvenile Delinquency: A Study of Eighth-Grade Students in Guangzhou, China", *International Journal of Offender Therapy & Comparative Criminology*, Vol. 62, No. 2, 2016, pp. 334 – 359.

③ Jo Y., Zhang Y., "Parenting, Self-control, and Delinquency: Examining the App. licability of Gottfredson and Hirschi's General Theory of Crime to South Korean Youth", *International Journal of Offender Therapy & Comparative Criminology*, Vol. 58, No. 11, 2014, pp. 1340 – 1363.

④ Cheung N. W. T., Cheung Y. W., "Strain, Self-control, and Gender Differences in Delinquency Among Chinese Adolescents: Extending General Strain Theory", *Sociological Perspectives*, Vol. 53, No. 3, 2010, pp. 321 – 345.

为准则；三是遇到适合的犯罪机会，容易经受不住诱惑或外界刺激，追求欲望的即时满足，诱发暴力犯罪行为和财产犯罪行为。随着年龄的增长，个体的心智不断成熟，遇事更加沉着冷静，并且随着就业、结婚、生子，在工作和家庭事务中投入的时间和精力增多，其结交违法同伴、接触犯罪机会、暴露在犯因性环境中的可能性大幅降低，暴力犯罪行为和财产犯罪行为的发生率以及严重程度也会随之降低。

但是研究也发现毒品犯罪行为与上述两种犯罪行为截然不同，女性、犯罪时年龄越大的服刑人员自我报告实施了越多的毒品犯罪行为，分析其原因可能正如前文所述，不同性别人群应对紧张的方式有所不同，当女性经历紧张时，她们更倾向于将紧张内化，更容易产生内疚、悲伤、沮丧、失望、抑郁等负面情绪，更可能采取吸毒等指向自己的犯罪形式以寻求暂时的解脱。犯罪时年龄较大，意味着外出活动时受到的限制减少，接触毒品、结交吸毒同伴并与之交往、实施毒品犯罪行为的可能性增加。

研究发现就业状况对暴力犯罪行为和毒品犯罪行为具有显著负向影响，文化程度对毒品犯罪行为具有显著负向影响，无稳定工作的服刑人员自我报告实施了越多的暴力犯罪行为，无稳定工作、文化程度越低的服刑人员自我报告实施了越多的毒品犯罪行为。该研究发现与以往的研究相一致。例如，骆华松和董静（2005）通过对2000年某戒毒所的统计资料进行分析，发现社会闲散人员占戒毒人员的绝大多数。[1] 张应立和殷东伟（2015）通过对2005—2013年6月宁波市公安机关的统计数据进行分析，发现初中以下文化程度、无业人员在毒品犯罪嫌疑人中占绝大多数。[2] 分析其原因可能在于无业人员往往受教育水平偏低，法律意识淡薄，遇事容易冲动，容易与他人发生争执或打斗。此外，无业人员终日无所事事，经常混迹街头，出入酒吧、KTV等娱乐场所，其接触毒品，结交吸毒同伴，目睹他人吸食毒品、

---

① 骆华松、董静：《云南省流动人口与毒品扩散的实证分析》，《云南师范大学学报》（哲学社会科学版）2005年第2期。

② 张应立、殷东伟：《流动人口毒品犯罪实证研究》，《净月学刊》2015年第2期。

买卖毒品的可能性增加，容易受到毒品亚文化的影响，吸食或买卖
毒品。

　　研究发现居住在市区、市郊/城乡接合部对暴力犯罪行为和毒品
犯罪行为具有显著正向影响。居住在市区、市郊/城乡接合部的服刑
人员，自我报告实施了越多的暴力犯罪行为。分析其原因可能在，一
是中国传统社会是一个"熟人社会"，尽管改革开放以来，中国农村
发生了翻天覆地的变化，但基本上仍然是熟人社会，村民相互熟知和
信任，遇到纠纷后大多会选择双方协商解决或是请第三方（包括乡
村长者、村干部）调解解决，[①] 所以引发暴力犯罪行为的可能性较
低。市区、市郊/城乡接合部则有所不同，人口流动性大，人员更加
密集，竞争激烈，与他人发生矛盾和冲突，进而引发暴力犯罪行为的
可能性明显增加。二是从此次问卷调查的结果来看，服刑人员多居住
在解组程度较高的小区或村里。[②] 按照以利亚·安德森提出的"街头
亚文化"（code of the street）的观点，上述区域具有房屋建设杂乱无
章、低就业率、高度贫困、人口流动性大、缺乏正式和非正式的社会
控制、刑事案件高发等特点，容易产生"街头亚文化"。居住在"街
头亚文化"盛行地区的人们，普遍缺乏安全感，更容易接受"街头
亚文化"，认为刑事司法系统存在歧视，不愿意向司法系统和警察寻
求帮助，转而诉诸各种基于"街头正义"的"人民的规矩"，各类纠
纷在没有警察、家长或者老师的介入下，以非正式的、暴力的方式得
以解决，[③] 进而导致其实施了更多的暴力犯罪行为。

　　居住在市区、市郊/城乡接合部的服刑人员，自我报告实施了更
多的毒品犯罪行为，这可能与城市人口的经济条件、城市的社会和文
化环境有关，如 KTV、舞厅、酒吧等娱乐场所普遍位于市区、市郊/

---

　　① 王珂珂：《我国乡土社会民事纠纷解决现状透析》，《理论与改革》2006 年第 6 期。
　　② 社区解组程度变量的取值范围为 10—50，全部样本社区解组程度的均值为 35.32，
标准差为 8.18；本地居民样本和流动人口样本的均值分别为 35.30 和 35.41，标准差分别
为 8.10 和 8.27。可见，服刑人员居住的小区或村里解组程度较高，社会失序、物质失序较
为严重。
　　③ 屈佳：《不同户籍类型对暴力犯罪行为影响研究——基于西南地区 G 市三所监狱
的调查》，《北京社会科学》2018 年第 1 期。

城乡接合部，上述娱乐场所环境复杂，进出人员成分复杂，公安机关对娱乐场所内发生的毒品犯罪开展侦查工作存在较大的难度。随着冰毒、摇头丸、K 粉等新型毒品的泛滥，娱乐场所逐渐成为新型毒品滥用的高发场所。[①] 经常出入上述区域的人，接触毒品、目睹他人吸毒、结交吸毒同伴的可能性大幅增加，容易受到吸毒同伴的教唆、引诱，发生毒品使用和毒品买卖行为。此外，与农村相比，市区、市郊/城乡接合部社会面吸毒人员更多，对毒品的需求量更大，一些犯罪人选择居住在市区、市郊/城乡接合部，方便其买卖毒品。

综上所述，定量数据的分析结果和定性数据的分析结果部分支持了假设一，证实自我控制水平、与违法同伴交往、紧张对犯罪行为具有显著影响，自我控制水平越低、与违法同伴交往、经历了越高强度紧张事件和情形的服刑人员自我报告实施了越多的犯罪行为。

二　犯罪行为影响因素的户籍差异

（一）自我控制水平对犯罪行为的影响存在户籍差异

研究发现不同户籍类型服刑人员在自我控制的冲动、以自我为中心、反复无常的脾气三个维度上存在显著差异，服刑人员中本地居民比流动人口更容易冲动、更喜欢以自我为中心、脾气更加反复无常。这与以往的研究发现正好相反，Liu Jianhong 和 Liu Siyu（2016）研究发现乡—城流动青少年自我控制水平更低。[②] 之所以得出不同的结论，可能是因为样本的特殊性，样本中的大部分流动人口来自农村。一方面，随着经济的快速发展，农村家庭经济状况明显好转，父母越来越重视子女的教育问题，在养育子女方面的投入不断增加，对子女的教育方式更加全面和科学；另一方面，中国正处于加速转型期，传统的价值观念受到强烈的冲击，农村社会相对封闭，农村居民深受传

① 赵亮员：《娱乐场所特征与涉毒的关联分析》，《中国人民公安大学学报》（社会科学版）2011 年第 1 期。

② Liu Jianhong, Liu Siyu, "Are Children of Rural Migrants More Delinquent than Their Peers? A Comparative Analysis of Delinquent Behaviors in the City of Guangzhou, China", *Crime Law & Social Change*, Vol. 66, No. 5, 2016, pp. 465, 489.

统文化的影响，父母倾向于对子女严加管束，孩子自小就被灌输要"自律""克己"，导致流动人口的自我控制水平相对较高。

考察自我控制水平对不同户籍类型服刑人员自我报告犯罪行为的影响，发现存在一定差异，如以自我为中心、反复无常的脾气仅对服刑人员中本地居民暴力犯罪行为具有显著影响，冲动、以自我为中心仅对服刑人员中本地居民毒品犯罪行为具有显著影响。此外，自我控制的五个维度对服刑人员中本地居民和流动人口财产犯罪行为都不具有显著影响。

（二）与违法同伴交往对犯罪行为的影响存在户籍差异

研究发现不同户籍类型服刑人员在与违法同伴交往上不存在显著差异，也就是说，服刑人员中流动人口结交违法同伴的比例并没有显著高于本地居民。这与以往的研究发现不一致，例如，陈曦和钟华（2012）研究发现流动青少年与本地青少年在与违法同伴交往上存在显著差异，流动青少年交往的同伴中有越轨行为的比例显著高于本地青少年。[1] Gao 和 Wong（2015）研究发现与本地青少年相比，流动青少年结交了更多违法同伴。[2] Lo 等学者（2016）研究发现与本地青少年相比，乡—城流动青少年结交了更多违法同伴。[3] 之所以得出不同的结论，可能是因为选取的调查对象不同，以往的研究均是以在校学生为调查对象，而本研究是以监狱服刑人员为调查对象，监狱服刑人员的同质性相对较高。[4]

考察与违法同伴交往对不同户籍类型服刑人员自我报告犯罪行为

---

① 陈曦、钟华：《压力、负面情绪与中国流动儿童的越轨行为》，《青少年犯罪问题》2012 年第 5 期。

② Gao Yunjiao, Wong Dennis S. W., "Strains and Delinquency of Migrant Adolescents in China: An Investigation from the Perspective of General Strain Theory", *Youth and Society*, Vol. 50, No. 4, 2015, pp. 506 – 528.

③ Lo C. C., Cheng T. C., Bohm M., et al., "Rural-to-Urban Migration, Strain, and Juvenile Delinquency: A Study of Eighth-Grade Students in Guangzhou, China", *International Journal of Offender Therapy & Comparative Criminology*, Vol. 62, No. 2, 2016, pp. 334 – 359.

④ Zhang Hongwei, Zhao Jihong Solomen, Ren Ling, Zhao Ruohui, "Subculture, Gang Involvement, and Delinquency: A Study of Incarcerated Youth in China", *Justice Quarterly*, Vol. 34, No. 6, 2016, pp. 952 – 977.

的影响，发现影响基本一致。与违法同伴交往对服刑人员中本地居民和流动人口暴力犯罪行为、毒品犯罪行为均具有显著正向影响，且影响非常大，但是两个样本的回归系数不存在显著差异，也就是说与违法同伴交往对服刑人员中流动人口暴力犯罪行为、毒品犯罪行为的影响并没有显著大于对本地居民的影响。研究结果再次重申了既有研究得出的"与违法同伴交往具有很强的犯因性影响"的结论，可能的解释是对于服刑人员来说，无论其是否拥有本地户籍，被捕前与违法同伴交往和互动，目睹同伴实施违法犯罪行为可能已经成为日常生活中的一部分，所以与违法同伴交往对两组人群产生的不良影响基本相同。

（三）紧张对犯罪行为的影响存在户籍差异

研究发现不同户籍类型服刑人员仅在财产犯罪被害经历上存在显著差异，服刑人员中流动人口比本地居民遭受过更多财产犯罪的侵害，在经济压力、暴力犯罪被害经历、社区解组程度以及三种负面生活事件上均不存在显著差异。这与以往的研究发现不相一致。例如，陈曦和钟华（2012）研究发现流动青少年与本地青少年在经济压力上存在一定差异，与本地青少年相比，流动青少年经历了更大的经济压力，但是在被害经历、负面生活事件上不存在显著差异。[①] Gao 和 Wang（2015）研究发现流动青少年比本地青少年经历了更大的经济压力，居住在更加不利的社区。[②] Lo 等学者（2016）研究发现乡—城流动青少年居住的社区解组程度更高、遭受过更多暴力犯罪的侵害。[③] 之所以得出不同的结论，可能还是因为选取的调查对象不同，以往的研究均是以在校学生为调查对象，而本书是以监狱服刑人员为

---

① 陈曦、钟华：《压力、负面情绪与中国流动儿童的越轨行为》，《青少年犯罪问题》2012 年第 5 期。

② Gao Yunjiao，Wong Dennis S. W.，"Strains and Delinquency of Migrant Adolescents in China：An Investigation from the Perspective of General Strain Theory"，*Youth and Society*，Vol. 50，No. 4，2015，pp. 506 – 528.

③ Lo C. C.，Cheng T. C.，Bohm M.，et al.，"Rural-to-Urban Migration，Strain，and Juvenile Delinquency：A Study of Eighth-Grade Students in Guangzhou，China"，*International Journal of Offender Therapy & Comparative Criminology*，Vol. 62，No. 2，2016，pp. 334 – 359.

调查对象，服刑人员的同质性相对较高。

通过考察紧张对不同户籍类型服刑人员犯罪行为的影响，发现存在一定的差异。以暴力犯罪行为为例，暴力犯罪被害经历对服刑人员中本地居民和流动人口暴力犯罪行为都具有显著正向影响，并且两个样本的回归系数存在显著差异，暴力犯罪被害经历对服刑人员中流动人口暴力犯罪行为的影响显著大于对本地居民的影响，受重伤仅对服刑人员中本地居民暴力犯罪行为具有显著影响，经济压力和社区解组程度仅对服刑人员中流动人口暴力犯罪行为具有显著影响。以财产犯罪行为为例，暴力被害经历仅对服刑人员中的本地居民财产犯罪行为具有显著影响，四类紧张事件和情形对服刑人员中流动人口财产犯罪行为均不具有显著影响。以毒品犯罪行为为例，试图自杀仅对服刑人员中流动人口毒品犯罪行为具有显著正向影响。

暴力犯罪被害经历对服刑人员中流动人口暴力犯罪行为的影响显著大于对本地居民的影响，试图自杀仅对服刑人员中流动人口毒品犯罪行为具有显著影响，分析其原因可能在于流动人口与本地居民在享有的社会保障机制、可获取的社会支持上存在较大差异，即使两组人群同样经历了高强度的紧张事件和情形，但本地居民可获取的社会支持远远高于流动人口，而高水平的社会支持可以有效缓解紧张的负面影响，降低其实施犯罪行为的可能，[①] 所以流动人口受紧张事件和情形的影响大于本地居民。

（四）人口背景特征对犯罪行为影响存在户籍差异

研究发现不同户籍类型服刑人员在文化程度、住房位置、犯罪时的年龄上存在显著差异，与服刑人员中的本地居民相比，流动人口文化程度更低，居住在市区和市郊/城乡接合部的比例更高，犯罪时的年龄更小。此外，在性别、婚姻状况、就业状况上均不存在显著差异。

考察性别、犯罪时的年龄、婚姻状况、就业状况、文化程度、住

---

① 陈曦、钟华：《压力、负面情绪与中国流动儿童的越轨行为》，《青少年犯罪问题》2012 年第 5 期。

房位置等人口背景特征对不同户籍类型服刑人员自我报告犯罪行为的影响，发现也存在一定的差异。以暴力犯罪行为为例，性别、犯罪时的年龄对服刑人员中本地居民和流动人口暴力犯罪行为都具有显著影响，两个样本的回归系数不存在显著差异，也就是说性别、犯罪时的年龄对服刑人员中流动人口暴力犯罪行为的影响并没有显著大于对本地居民的影响。居住在市区、市郊/城乡接合部仅对服刑人员中本地居民暴力犯罪行为具有显著影响。以财产犯罪行为为例，性别、犯罪时的年龄仅对服刑人员中流动人口财产犯罪行为具有显著影响，选取的所有人口背景特征对服刑人员中本地居民财产犯罪行为都不具有显著影响。以毒品犯罪行为为例，就业状况、居住在市区对服刑人员中本地居民和流动人口毒品犯罪行为均具有显著影响，但是两个样本的回归系数不存在显著差异，性别、犯罪时的年龄、文化程度、居住在市郊/城乡接合部仅对服刑人员中本地居民毒品犯罪行为具有显著影响。

综上所述，假设二仅得到了部分支持，证实服刑人员中的流动人口遭受了更多财产犯罪的侵害，文化程度更低，居住在市区和市郊/城乡接合部的比例更高，犯罪时的年龄更小，但是他们的自我控制水平比本地居民高。此外，自我控制的五个维度、与违法同伴交往、四种紧张事件和情形对犯罪行为的影响存在户籍差异，暴力犯罪被害经历对服刑人员中流动人口暴力犯罪行为的影响显著大于对本地居民的影响。

三　犯罪行为的户籍差异

对不同户籍类型服刑人员自我报告犯罪行为的频数进行比较，发现服刑人员中本地居民和流动人口在暴力犯罪行为、财产犯罪行为、毒品犯罪行为的频数上均不存在显著差异。也就是说，服刑人员中的流动人口没有比本地居民实施更多的暴力犯罪行为、财产犯罪行为、毒品犯罪行为。这说明流动人口的身份，也就是说服刑人员是否拥有本地户籍对其实施上述犯罪行为的影响是有限的，至少在自我报告犯罪行为上是有限的，假设三没有得到支持。

以往一些以在校学生等青少年群体为调查对象，采取自我报告的方式来获取受访者犯罪行为或越轨行为数据的实证研究也得出了相似的结论，例如，Gao 和 Wong（2015）研究发现本地青少年与流动青少年在财产犯罪行为和暴力犯罪行为上均不存在显著差异，[1] Lo 等学者（2016）研究发现乡—城流动青少年与本地青少年在轻微犯罪行为和严重犯罪行为上均不存在显著差异。[2] 但由于该研究发现与当前主流的"流动人口犯罪率高，成为犯罪的主要群体"的观点不符，所以有必要对该研究发现作进一步解释。

造成上述差异的原因可能是多方面的，其中最主要的原因在于使用的犯罪统计数据来源不同。由于目前国家统计部门尚未对流动人口犯罪进行专门的统计，以往的研究使用的多是某一地区公安机关立案的刑事案件统计数据或法院审理的刑事案件统计数据。诚然，官方统计数据可以提供许多有关中国犯罪与刑事司法的重要信息，对犯罪学研究具有重要的意义，但其本身存在一定的局限性，一是公安机关立案的刑事案件数中不包括贪污、受贿、渎职等由检察机关自主立案侦查的案件数，国家安全机关立案侦查的案件数，以及公民自诉案件数；二是大量的研究发现进入司法程序或统计的犯罪数量在一个人的犯罪总数中所占的比例非常小，说明存在大量的"犯罪黑数"，官方统计数据低估了实际的犯罪数量;[3] 三是与本地居民相比，流动人口在流入地社会经济地位偏低，往往成为各类刑事案件发生后公安机关开展侦查工作的重点对象，他们一旦犯罪，更可能被警察审讯和逮捕，并且许多流动人口在流入地居无定所、行无固业，适用缓刑和社区矫正普遍存在监管困难，容易脱管、漏管，加之其收入普遍不高，赔偿能力有限，无法赔偿被害人

① Gao Yunjiao, Wong Dennis S. W., "Strains and Delinquency of Migrant Adolescents in China: An Investigation from the Perspective of General Strain Theory", *Youth and Society*, Vol. 50, No. 4, 2015, pp. 506–528.

② Lo C. C., Cheng T. C., Bohm M., et al., "Rural-to-Urban Migration, Strain, and Juvenile Delinquency: A Study of Eighth-Grade Students in Guangzhou, China", *International Journal of Offender Therapy & Comparative Criminology*, Vol. 62, No. 2, 2016, pp. 334–359.

③ 曹立群、周愫娴：《犯罪学理论与实证》，群众出版社2007年版，第50—51页。

的全部损失，很难得到被害人和家属的谅解，导致流动人口缓刑和社区矫正适用率普遍偏低，[①]绝大部分流动人口轻刑犯都被判处了实刑，所以官方统计数据显示的流动人口高犯罪率、流动人口犯罪人高监禁率或许只是刑事司法系统存在制度性歧视的结果。此外，以往将流动人口与本地居民的犯罪数量、人数或案件数占该地区犯罪总量的比重直接进行比较的做法，既不科学，也不合理，因为流动人口与本地居民在年龄、性别等人口学特征上存在较大的差异。本地居民是一个性别和年龄分布大体均衡的社会群体，而流动人口的主体是15—45岁的青年男性，该群体本身就是犯罪率较高的群体。当然，还有可能是因为选取的调查地点不同，本书选取的是贵阳市。虽然改革开放以来，贵阳市社会经济得到了持续较快发展，但是经济发展水平与东部地区相比仍存在较大差距，流动人口的规模也相对较小。以往的研究大多选取的是广州等经济发达城市作为调查地点，上述城市的经济发展水平、城市化速度、城市人口规模结构与贵阳市明显不同，可能会导致研究结论有所不同。

第二节　对策建议

通过对监狱服刑人员这一成年犯罪人群体进行问卷调查和深入访谈，确定了影响不同户籍人群实施不同类型犯罪行为的影响因素，为政府相关部门制定和实施相应的刑事政策和社会政策，有效预防和减少犯罪的发生提供了思路。鉴于研究发现服刑人员中的流动人口没有比本地居民实施更多的暴力犯罪行为、财产犯罪行为和毒品犯罪行为，建议政府相关部门重新审视流动人口与犯罪的关

---

① 最高人民法院以及多地基层法院的调查数据显示，在缓刑适用上，同一地区流动人口与本地居民缓刑适用的概率存在较大差异。例如，浙江省判处缓刑的罪犯中，本地居民占80%，而流动人口仅占20%。北京市朝阳区人民法院在判处缓刑的250名被告人中，本地居民204人，缓刑适用率45.4%，占缓刑犯总数的81.6%；流动人口46人，缓刑适用率仅为7.7%，占缓刑犯总数的18.4%。具体参见陈磊、石磊《身份差异与量刑歧视：流动人口犯罪缓刑适用问题研究》，《法律适用》2013年第1期。

系，对现行的刑事政策和社会政策予以反思，并适时作出调整，消除对流动人口的歧视和排斥，促进流动人口城市化和市民化。同时，制定和实施相应的刑事政策和社会政策，通过控制和消除针对社会转型背景下容易诱发特定群体犯罪行为的因素，达到有效预防和减少犯罪行为，遏制当前犯罪的高发态势，维护社会和谐稳定的目的。具体对策建议如下。

一　构建多维度的社会支持体系

当个体感受到家庭或者社区的支持时，可以有效缓解紧张的负面影响，进而降低其实施犯罪行为的可能性。[1] 因此，建立并完善覆盖不同户籍人口的社会支持系统对于预防犯罪具有非常重要的意义。由于政府机构可以提供的正式的社会支持相对有限，所以应当发挥用工单位工会、妇联、共青团等群众团体，国际组织，慈善组织、社区服务组织的力量，共同着力构建以政府支持为主导，以群体支持和个体支持为依托的综合社会支持体系，不仅提供物质上的支持，还要提供精神上的支持，以缓解紧张的负面影响，达到预防和减少犯罪的目的。

（一）着力构建政府支持子系统

政府支持是一个由社会保险、社会救助、社会福利、社会优抚组成的综合性保障体系。[2] 建议逐步剥离附着于城市户籍制度上的各种社会福利，逐步实现公共服务和社会福利均等化，缩小本地居民与流动人口之间的福利差，保障其基本生存权和发展权。将包括流动人口在内的常住人口纳入社会养老、医疗、失业、工伤、生育保险范畴，实现基本养老、医疗保险全覆盖，降低失业、患病、工伤对其生活带来的负面影响；各级政府需全面考虑流动人口自身的特点和实际需求，为流动人口开辟绿色通道，方便流动人口办理社会保障相关事

---

①　陈曦、钟华：《压力、负面情绪与中国流动儿童的越轨行为》，《青少年犯罪问题》2012 年第 5 期。

②　汪明亮：《以一种积极的刑事政策预防弱势群体犯罪——基于西方社会支持理论的分析》，《社会科学》2010 年第 6 期。

务；通过电视、报刊、微信公众号、官方网站等多种形式，做好社会保障的政务信息公开工作，让流动人口能够及时了解流入地的社会保障信息，引导劳动者和用人单位积极参加工伤、医疗、养老保险；将长期在流入地工作和生活的流动人口纳入城市低保的范畴，对于生活困难者，无论其是本地居民，还是流动人口，均在经济上给予一定的补助，让其获得基本的生活保障；教育主管部门通过部门网站、社区宣传栏、微信公众号等方式，明确公布流动人口子女入学程序，为流动人口子女跟随父母一起流动创造条件，让他们可以在流入地接受良好的教育；借助新闻媒体、社交网络，大力宣传党和国家关于流动人口的方针政策，以及流动人口对城市建设和经济发展做出的重大贡献，逐步改变本地居民对流动人口持有的排斥和歧视态度，提高流动人口对流入地城市的归属感和认同感，为流动人口顺利融入流入地社会营造良好氛围。

（二）着力构建群体支持子系统

群体支持的主体是非政府团体或组织。用人单位应承担起应尽的社会责任，按规定与员工签订劳动合同，为其缴纳保险费，对其进行劳动安全卫生教育，加强工作场所尘毒治理和劳动保护工作，改善工作环境，预防职业病和工伤事故；发挥各级工会、妇联、共青团等群众性团体和组织的特点和优势，开展法制教育和道德教育，关心职工、妇女、青年、儿童的身心健康，为职工、妇女、青年提供心理咨询与心理援助，及时化解心理危机;[1] 优化慈善文化环境，推动慈善事业的发展，为国际组织、海外华侨组织、慈善机构向贫困、弱势群体提供现金或物资支持提供更多的便利，改善弱势群体的生存环境；发挥社区服务组织的作用，为社区居民提供社区服务，针对社区居民开展法制宣传和禁毒宣传活动；发挥社会工作服务组织的作用，与吸毒人员建立良好的专业关系，为吸毒人员提供全新的人际关系体验，唤醒吸毒人员的自尊，增强其戒毒的信心，为吸毒人员提供心理辅导、行为矫正、法律咨询、就业指导等服务，帮助其修复和重建受损

---

[1]　李强：《社会支持与个体心理健康》，《天津社会科学》1998 年第 1 期。

的社会支持系统,① 从而达到降低复吸率、预防犯罪、帮助戒毒人员顺利回归社会的目的。

（三）着力构建个体支持子系统

个体支持的主体是以初级社会关系为基础的个体，具体包括父母、兄弟姐妹、亲戚等血缘关系的个体，同伴、邻里、同乡等地缘关系的个体，同事、同学、战友等业缘关系的个体，以及其他以人生价值取向为基础的个体。社会转型期个体在就业、医疗、伤残意外事故等方面往往面临比以往更大的风险,② 承受了更高强度的紧张事件和情形，此时，家庭成员之间的相互支持成为个体有效应对紧张的一个必要前提。在全社会倡导家庭和谐文化建设，构建和谐家庭，鼓励家庭成员之间相互给予支持与鼓励。例如，遇到经济困难时，父母、兄弟姐妹、配偶、亲戚、朋友能够在经济上尽可能地给予支持与帮助，面对人际关系不适、情感纠葛、就业压力、学习压力等方面的紧张事件和情形时，父母、兄弟姐妹、配偶、亲戚、朋友能够在精神上给予关爱、陪伴、鼓励、信任和体谅，增强个体应对紧张和挫折的信心；鼓励流动人口建立各种中介机构、行业协会、商会，帮助流动人口之间建立相互信任、相互支持的合作关系，相互给予物质上和精神上的支持与帮助。

二　提高个体的自我控制水平

（一）采取正确的教养方式

家庭在个体成长过程中发挥着至关重要的作用，对儿童的社会化产生深远的影响。本研究发现自我控制水平对犯罪行为的发生具有显著影响。按照戈特弗里德森和赫希的观点，自我控制是一种个人内在的特质，与父母的教养方式有关，在8—10岁被建立以来，一旦建立将在整个生命历程中保持相对稳定。可见，父母的教养方式通过影响

---

① 钟莹、刘传龙：《〈禁毒法〉背景下的社区戒毒工作与社会工作介入》，《江西师范大学学报》（哲学社会科学版）2011年第3期。

② 杨善华：《家庭与婚姻》，载李培林、李强、马戎主编《社会学与中国社会》，社会科学文献出版社2008年版，第87页。

个体的自我控制水平，对其犯罪行为产生间接影响。因此，采取正确的教养方式是预防犯罪的重要防线。建议通过宣传栏、广播电视、微信公众号、发放宣传册、开办讲座等多种方式，针对家长开展系统性的教养知识和技能培训，提高其对家庭养育重要性认识，学会采取正确的养育方式，避免对子女采取不一致的教养方式或是一味地严厉惩罚，尤其要避免家庭暴力，努力为子女创造一个功能健全、充满爱心的家庭养育环境，以平等的身份与子女进行沟通和交流，关注其精神需求和心理需求，有意识地培养其正确认识失败、理性面对挫折、耐心等待成功的意识和能力，[①] 让其学会延迟满足，对别人的利益和欲望更加敏感，能够自觉约束自己的行为，同时，加强对子女的直接监督，及时发现他们的偏差行为，并对这些行为进行惩罚，帮助其顺利完成社会化，建立起良好的自我控制水平。

（二）实施自我控制改善项目

犯罪的一般理论认为自我控制水平在整个生命历程中保持稳定，但之后的一些学者对自我控制水平的稳定性进行了检验，发现自我控制水平并非绝对稳定，而是会随着年龄的增长发生变化，这意味着针对那些自我控制水平低下的个体，实施一系列的自我控制改善项目来提高其自我控制水平，进而达到预防和减少犯罪的目的是切实可行的。Piquero 等学者（2016）通过对 2010—2015 年发表的 41 篇有关早期自我控制改善项目的文章进行元分析，发现早期自我控制改善项目是提高自我控制水平、减少犯罪的有效策略。[②] 因此，在日常的犯罪预防工作以及监狱服刑人员教育改造过程中，对那些表现出自我控制水平低下的个体应实施自我控制改善项目，通过提高个体控制冲动的能力，增强抵制冲动行为的决心，改善个体的决策风格，让其不再过度关注欲望的即时满足，转而更加关注行为的长期后果。自我控制

[①] 周凌：《赫希自我控制理论之概念因子分析——以犯罪预防与行为矫正操作性要求为视角》，《广西大学学报》（哲学社会科学版）2016 年第 5 期。

[②] Piquero A. R., Jennings W. G., Farrington D. P., et al., "A Meta-analysis Update on the Effectiveness of Early Self-control Improvement Programs to Improve Self-control and Reduce Delinquency", *Journal of Experimental Criminology*, Vol. 12, No. 2, 2016, pp. 249–264.

改善项目主要专注于情感理解和沟通技巧、建立和维系友谊的技巧、自我控制技巧、解决社交问题的技巧，解决"观察和倾听""遵守规则""当我生气的时候我该怎么办""当他们不想和我玩的时候，我该怎么办""别人戏弄我时，我该怎么办"等一系列问题。此外，建议国内学者针对自我控制进行更为深入的研究和探讨，早日制定出适合中国人的常模，为实践部门准确分析和评定管理对象的自我控制水平提供依据；社区工作者和监狱管理人员应学习和借鉴国外有关自我控制改善项目的实践经验，针对自我控制水平低下的个体，实施适当的自我控制改善项目来提高其自我控制水平。

三 减少与违法同伴交往

本书发现与违法同伴交往具有很强的犯因性影响，能够强有力地预测暴力犯罪行为和毒品犯罪行为。因此，切断个体与违法同伴的联系是有效预防犯罪的一项关键措施。一是家长应加强对子女的教育引导，帮助其认识到选择交往对象的重要性，树立正确的人际交往观，自觉远离违法同伴。二是家人之间应当保持良好的沟通，彼此了解交往对象的基本情况，一旦发现家人交往的对象中有违法犯罪者，应立即采取措施予以干预，阻断其通过与违法同伴交往和互动获得毒品、学习犯罪技巧。三是家人之间注意观察彼此的言行举止，及时发现心理变化和行为表现异常，鼓励家人闲暇时间多从事健康有益的娱乐休闲活动，引导其与健康的、积极向上的同伴交往，自觉远离违法同伴和违法团伙，同时避免去容易接触到毒品或其他犯罪的娱乐场所。四是家人之间应当建立积极的情感联系，相互给予更多的关爱和支持，让每一位家庭成员都能感受到家庭的温暖，避免因为感受不到家庭的温暖，转向社会上的不良群体寻求归属感和安全感。五是监禁刑会导致具有犯罪倾向的人聚集在一起，相互之间交流实施犯罪的技巧和心得，对个体产生极为不良的影响，所以应审慎适用监禁刑，扩大非监禁刑适用，对轻微犯罪使用宽缓的处理方式，减少监禁对其再社会化产生的负面效应，如对符合条件的流动人口犯罪人在居住地社区进行社区矫正，避免其在监狱濡染恶习，结交更多的违法同伴。六是监狱管理部门在对服刑人员进行教育改造的过程中，应重点加强同伴交往教育，帮助服刑人员认识到结交违法同伴的危害，出狱后自觉远离原来的不良"朋友圈"，抵制违法同伴、吸毒同伴的诱惑，重新构建新的、良性的、有助于自己生活的交际圈，开始新的生活。

四 减少犯因性紧张

（一）缓解经济压力

一是构建城乡统一的劳动力市场。取消对流动人口的就业歧视和限制，保障流动人口与本地居民在劳动就业、工资报酬上享有平等的待遇。要求用人单位规范用工行为，严格按照《劳动法》的规定，与就业人员签订劳动合同，为其缴纳保险费用。政府有关部门应当加大劳动保障执法监督和查处力度，对一些私营企业不与就业人员签订劳动合同、不为其缴纳保险费用、克扣工资等侵害劳工权益的行为要坚决予以查处。二是开展职业技能培训。依托职业技术学院、民办职业培训机构、技工学校，以用人单位的用工需求为导向，采取定向委培的方式，开展职业技能培训，真正实现培训机构与用人单位之间的有效衔接，着力提升城乡失业、未就业人员的就业竞争力，为其实现向上流动创造条件。政府制定并出台相应的政策，如给予适当的培训补贴，鼓励用人单位建立健全员工教育培训工作机制，加大对员工的教育培训力度。三是拓宽就业信息渠道。政府搭建就业信息平台，培育劳务中介组织，及时发布用工信息，促进劳动力供需双方之间的信息沟通，减少摩擦性失业，特别是针对流动人口应提供免费的就业信息、就业指导以及职业介绍服务，同时，政府部门应加强对劳务中介组织的监督，定期开展检查整顿，坚决取缔不合法、存在欺诈行为的中介组织。[①] 四是监狱等刑罚执行机关应基于劳动力市场需求和服刑人员个人特征，针对不同类型服刑人员开展职业技能培训工作，建立具有监狱特色的职业技能培训模式，充分考虑服刑人员受教育程度偏

---

① 王菁：《流动人口就业代际差异及其影响因素研究》，首都经济贸易大学出版社2015 年版，第 111—112 页。

低的实际情况，精选培训内容，创新培训方式，邀请职业技术学校的优秀教师进行职业技能培训，让服刑人员在出狱前能够掌握一种以上比较实用的职业技能，争取有关部门的支持，为职业技能考核鉴定合格的服刑人员颁发职业资格证书，为其重返社会后顺利就业奠定基础，同时，积极探索市场经济条件下的刑满释放人员安置帮教新思路，如给予用人单位一定的财税优惠政策，鼓励其招收刑满释放人员；工商行政管理部门对于依法申请从事个体工商业经营和开办其他经济实体的刑满释放人员给予免收登记、证照和管理等各项行政性收费的优惠政策，税务部门给予减免所得税的优惠政策，银行对自主创业的刑满释放人员给予小额贷款扶持，政府给予必要的自主创业指导，鼓励和支持刑满释放人员自主创业，① 帮助其顺利完成"监狱人"到"社会人"的转变，成为自食其力的劳动者，降低其陷入就业困境而"重操旧业"的概率。

（二）改善居住环境

改善居住环境对于预防犯罪具有非常重要的意义，政府部门应当重视中低收入群体的住房需求。一是建立多层次的住房保障体系，政府应取消住房保障对象的户口限制，制定并完善相应的进入和退出机制，在都市卫星城大批量建设廉租房、公租房、经济适用房等保障性住房，着力解决中低收入群体的住房问题，让广大中低收入家庭能够"居者有其屋"，拥有一个良好的居住空间，也可以有效避免流动人口大规模聚居在"城中村"和城乡接合部，逐渐打破流动人口与本地居民之间的居住隔离状态，加快流动人口的社会融合。二是针对城中村、城乡接合部普遍存在的社会失序、物质失序问题进行重点改造，努力改善社区结构性条件。进行环境整治和改造工程，拆除违章建筑，控制建筑物和人口密度；对社区卫生环境进行改善，清除垃圾和涂鸦，消除社区的物质失序状态；推行社区警务，警察与社区居民之间建立起良好的合作关系，通过警务工作和社区活动，共同消除社

---

① 李超、龚华：《归正人员就业困境及其就业援助研究——以衢州市为例》，《经济研究参考》2017 年第 28 期。

区存在的社会失序和物质失序状态，预防各类犯罪；加强社区文化建设，针对广大青年群体的爱好和特点，组织开展丰富多彩的文体活动，丰富他们的业余文化生活和休闲娱乐生活，加强社区居民之间的情感交流，减少冲突和摩擦，构建和谐的邻里关系，促进社区共同价值取向的确立，增强社区居民之间的团结意识和互助观念，让社区居民为了社区的公共利益主动介入和干预社区纠纷，一旦发现犯罪或任何可疑情况，主动向警察报告，提高非正式的社会控制，阻止犯罪的发生。

（三）关注被害问题

遭受犯罪侵害的经历通常被视为不公、强度很大，有时甚至是创伤性的，极易引发愤怒等负面情绪，具有很强的犯因性影响。因此，关注被害问题对于预防犯罪具有非常重要的意义。一是公安机关应利用政府网站、电视、广播、报纸、微信公众号等媒介，采取播放视频、"法治大讲堂"、"以案说法"等多种形式，针对潜在被害人开展犯罪预防宣传，帮助其了解容易发生犯罪的时空特征以及犯罪人惯用的犯罪伎俩，提高防范意识及应急反应能力，克服麻痹思想和侥幸心理，预防和减少被害的发生。二是建设社区视频监控系统，在社区治安防范存在的"盲区""死角"以及昏暗地段增加照明设施和视频监控设施，通过改善物理环境，尽可能消除容易滋生犯罪的空间隐患，[①] 减少生活环境中潜藏的被害风险，减少被害机会。三是犯罪行为会对被害人造成极大的伤害，包括身体损伤、财产损失、精神创伤，所以应重视对被害人的保护和救助，建立类似法律援助机构的心理救助机构，对被害人进行心理抚慰和疏导，缓解其紧张和焦虑情绪，防止其再次被害或转化为犯罪人，为心理创伤严重且经济上存在困难的被害人提供无偿援助。[②] 四是实施恢复性司法，为被害人与犯罪人搭建一个平等协商调解的平台，让犯

---

① 张威：《社会解组理论视角下青少年犯罪的社区预防》，《青少年犯罪问题》2016年第6期。

② 徐凝：《要重视犯罪被害人的心理救助》，《云南行政学院学报》2007年第3期。

罪人可以真正认识到犯罪行为对被害人造成的伤害，从中受到深刻的教育，能够发自内心地向被害人悔罪、道歉、赔偿，同时也让被害人可以获得一定的物质与精神补偿，心理得到慰藉，[①] 发自内心地宽恕犯罪人，得以从愤怒、憎恨和恐惧中获得解脱，不再渴望报复犯罪人。

（四）提高情绪管理能力

阿格纽认为消除所有的犯因性紧张是不切实际的，所以针对紧张引起犯罪的机制进行有针对性的干预非常重要。例如，通过提高个体情绪管理能力，降低个体经历紧张事件和情形后产生愤怒、焦虑、抑郁等负面情绪的可能性，或缓解愤怒、焦虑、抑郁等负面情绪体验，进而达到预防和减少犯罪行为的目的。[②] 学校、社区、监狱应针对情绪不稳定、负面情绪较严重的个体进行心理辅导，帮助他们学会正确认识情绪和表达情绪，重新思考情绪事件，改变对情绪事件的理解以及对情绪事件个人意义的认识，学会采取适合自身实际情况的方法来控制和管理自己的情绪。情绪管理的方法主要有：一是情绪宣泄法。遭遇负面情绪的困扰时，可以通过向家人和朋友倾诉、写日记、发微博、发朋友圈等方式来表达自己的内心感受，发泄自己的愤怒、悲痛等负面情绪体验。二是情绪转移法。遭遇负面情绪的困扰时，通过听音乐、体育锻炼、绘画等方式，将自己的注意力从引起负面情绪的事件或情形及时转移到其他事件或情形上，达到情绪调控的目的，避免负面情绪的爆发。三是自我清醒法。遭遇负面情绪的困扰时，通过自我提醒、强化控制意识、平和心理状态、改善行为方式、稳定情绪情感等方式，保持克制和理性。四是交往调节法。遭遇负面情绪的困扰时，通过与他人交往，交流思想、沟通情感，让自己理智地对待和管控自身的负面情绪。五是心理暗示法。遭遇负面情绪的困扰时，通过语言、形象和想象

---

① 单勇、周彬彬：《被害人权利保护与恢复性司法》，《当代法学》2008 年第 5 期。

② 吴九君、郑日昌：《监狱服刑人员情绪管理团体辅导研究》，《中国健康心理学杂志》2008 年第 12 期。

等方式进行心理暗示，来提醒自己、激励自己、释放自己，缓解负面情绪的不良影响。如果陷入比较严重的情绪障碍，仅仅依靠自身的努力无法有效缓解自己的负面情绪时，应当学会向亲朋好友、专业的社会工作人员、心理医生等寻求帮助。①

---

① 王卫国：《基于专业标准的幼儿教师情绪管理对策》，《教育探索》2015 年第 1 期。

第七章 研究总结与未来展望

第一节 研究总结

本书的贡献在于，一是运用实证的研究方法与手段，通过对服刑人员进行问卷调查和深入访谈，揭示了社会转型背景下较为突出的三种犯罪行为的影响因素，丰富了国内有关犯罪行为影响因素的研究成果；二是将中国的犯罪问题与基于西方国家犯罪形势建立和发展起来的三个犯罪学理论相结合，探究其在中国的适用性问题，为进一步丰富和完善上述犯罪学理论，推进理论的中国化进程，扩大理论的适用性明确了具体的努力方向；三是以监狱服刑人员为调查对象，考察更严重的犯罪行为现状及其影响因素，为政府相关部门制定和实施相应的刑事政策和社会政策，有效预防和减少犯罪的发生提供了思路。

诚然，研究仍存在一定的局限性，还有待未来开展更进一步的研究。

一是选取监狱服刑人员作为调查对象具有非常重要的意义，但是服刑人员在年龄、家庭背景和社会经济地位方面的同质性较高，[①] 自我控制水平、与违法同伴交往、经历的紧张类型和严重程度的变异量（variance）可能会受到影响，可能会导致不同户籍类型服刑人员无论是在自我报告犯罪行为的频率，还是在与违法同伴交往、经济压力、遭受暴力犯罪侵害的经历、居住社区的解组程度、经历的负面生活事

---

① Li S. D. , "Race, Self-control, and Drug Problems among Jail Inmates", *Journal of Drug Issues*, Vol. 35, No. 4, 2005, pp. 645 –663.

件上都不存在显著差异。而社会面上的普通人群则有所不同，他们的异质性较高，所以服刑人员无法代表普通人群，研究结论是否适用于社会面上的普通人群还有待未来更多实证研究的检验。

二是本书使用的是横截面数据，无法在自我控制、与违法同伴交往、紧张与犯罪行为之间建立因果联系。以往有研究发现个体与违法同伴交往会导致其犯罪行为增多，但是实施犯罪行为也会加剧与违法同伴的交往，实施越多犯罪行为的个体，可能会结交越多的违法同伴。[①]

三是本书是在社会急剧转型和人口大规模流动的宏观背景下，从微观个体层面探讨影响服刑人员被捕前1年里实施犯罪行为的保护性因素和风险性因素。由于缺乏相关数据，没有考虑服刑人员被捕前生活环境的外系统（exosystem）和宏系统（macrosystem）层面的因素对犯罪行为的影响，如地区经济发展水平、社会风气等。

四是本书是基于对贵州省三所监狱服刑人员的调查，虽然样本数量和代表性足以满足研究需要，但是中国不仅在城乡之间，而且在地区之间存在较大的差异，中西部在经济发展水平、城市化速度、城市人口规模结构上存在较大的差异，所以还需谨慎对待有关流动人口犯罪问题的研究结论。

五是研究发现上述犯罪学理论可以在一定程度上解释成年犯罪群体的犯罪行为，但解释力有限。表明中国正处于加速转型期，整个社会发生了急剧的变迁，出现的一些社会问题，包括犯罪的问题，与西方国家有相似之处，中国的犯罪学研究可以吸收和借鉴西方犯罪学理论的精华，但由于中国的社会转型具有一定的特殊性，不能简单地奉行拿来主义，未来需要结合转型期中国社会的实际情况，对犯罪学理论进行修订和完善。

---

① Thornberry T. P. , Lizotte A. J. , Krohn M. D. , et al. ,"Delinquent Peers, Beliefs, and Delinquent Behavior: A Longitudinal Test of Interactional Theory", *Criminology*, Vol. 32, No. 1, 1994, pp. 47 – 83.

第二节　未来展望

未来研究可以在以下四个方面作出更进一步的努力：

一是选取东中西部地区不同的城市为调查地点，通过对本地居民与流动人口进行问卷调查，采取自我报告的方式来获取受访者在过去1年里实施犯罪行为的频数，进一步考察流动人口是否比本地居民实施了更多的犯罪行为。

二是收集纵向的追踪调查数据，深入考察多个时间点上自我控制、与违法同伴交往、紧张等影响因素的发展变化及其与犯罪行为之间是否存在因果关系。

三是以往研究发现社会控制、与违法同伴交往在紧张对犯罪行为的影响中发挥了中介作用，即紧张除了对犯罪行为产生直接影响之外，还通过降低社会控制、促进对犯罪的学习，对犯罪行为产生间接影响。希望未来的研究能够将社会控制、与违法同伴交往等变量作为中介变量，进一步考察紧张对犯罪行为的影响机制。

四是希望未来能够立足于转型期中国社会的本土形势，在借鉴西方经验与体察中国现实的基础上，除纳入微观个体层面的因素外，还要纳入外系统和宏系统层面的因素，探讨来自不同层面的因素是否存在交互作用，进而构建一个适合中国国情的犯罪行为影响因素模型，以便更好地解释社会转型背景下的犯罪问题，更有效地指导转型期的犯罪治理工作。

附录 A 调查问卷（节录）

各位学员：

你们好！

首先非常感谢您愿意参加此次问卷调查，此次调查的主要目的是了解大家的生活状况和个人经历。

本次问卷调查采取自愿作答的方式。对问卷中问题的回答，没有对错之分，只需根据自己平时的想法和实际情况回答即可，不要有任何遗漏。如果遇到任何不明白的地方，请举手示意，工作人员会向您解释。问卷调查结果仅作为学术研究之用，绝对严格保密，不会对您产生任何影响。

衷心感谢您的支持与帮助！

A 部分：基本信息

A1. 你的出生年月是：19＿＿年＿＿月

A2. 你的性别是：

男…………………………………………………………… 1

女…………………………………………………………… 2

A3. 你的户口类型是：

农业户口…………………………………………………… 1

非农业户口………………………………………………… 2

A4. 你的学历是：

没有上过学………………………………………………… 1

小学………………………………………………………… 2

初中………………………………………………………… 3

普通高中/职业高中/中专/中等技校 ………………… 4

大专及以上………………………………………………… 5

A5. 你的婚姻状况是：

未婚………………………………………………………… 1

第一次结婚………………………………………………… 2

再婚………………………………………………………… 3

离婚………………………………………………………… 4

丧偶………………………………………………………… 5

A6. 你的户口所在地是：

＿＿＿＿省＿＿市＿＿＿＿县（区）

A7. 此次被捕前，你居住在：

_____省_____市_____县（区）

A8. 你有稳定的工作吗？【从事一份工作超过 6 个月就被视为稳定】

有 ·· 1

没有 ·· 2

B 部分 此次被捕前 1 年里的居住状况

B1. 你的住房位置是：

市区 ··· 1

市郊/城乡接合部 ·· 2

农村 ··· 3

B2. 下面这些问题在你居住的小区或村里严重吗？

问题	非常严重	比较严重	没意见	不太严重	非常不严重
1. 垃圾乱放、废物乱丢					
2. 户外酗酒滋事					
3. 吸食毒品					
4. 入室盗窃					
5. 警察无理由盘问					
6. 不良少年闹事					
7. 财物被偷					
8. 抢劫					
9. 乱涂乱画					
10. 损坏公物					

C 部分　此次被捕前 1 年里的个人经历

C1. 在此次被捕前 1 年里，你是否遇到过下列事件：

事　件	是	否
1. 因为没钱付电话费而停机		
2. 没有足够的钱付清房租和房屋贷款		
3. 因为没有足够的钱付清房租和房屋贷款，被赶出门		
4. 没钱付清水、电、煤气费		
5. 需要去医院看病，但是没钱付医药费		

C2. 你的家庭是否发生过以下变故？（请回答所有问题）

事　件	是	否
1. 父母亲一方去世		
2. 父母亲重病		
3. 父母亲一方发生重大意外		
4. 自己受重伤		
5. 自己重病		
6. 自己试图自杀		
7. 自己分居或离婚		

C3. 在此次被捕前 1 年里，你是否有过以下被害经历？（请回答所有问题）

被害经历	有	没有
1. 自行车或电动车被盗		
2. 有人试图进入你家里偷东西		
3. 有人用暴力或者恐吓抢走你的财物		
4. 在公共场合被偷		
5. 遭遇抢劫		

续表

被害经历	有	没有
6. 遭人恐吓		
7. 被拉扯头发、拳打脚踢、掌掴拍打、推撞绊倒		
8. 被人持棍或持刀所伤		

C4. 在此次被捕前 1 年里，你是否有过以下行为（请回答所有问题）

问题	从来没有	1 次	2 次	3—4 次	5 次及以上
1. 从商店、超市或购物中心偷东西					
2. 盗窃电动车或者摩托车					
3. 入室盗窃					
4. 抢钱包、手机、首饰等贵重物品					
5. 随身携带刀棍、匕首等武器					
6. 故意伤害他人					
7. 与他人打架并把对方打伤					
8. 打群架					
9. 买卖毒品					

C5. 是否经常吸食/注射毒品？

从不……………………………………………………… 1

很少……………………………………………………… 2

偶尔……………………………………………………… 3

经常……………………………………………………… 4

总是……………………………………………………… 5

D 部分　此次被捕前 1 年里的社会交往情况

D1. 在此次被捕前 1 年里，你交往的亲密朋友中，有违法犯罪的吗？

有 …………………………………………………………… 1

没有 ………………………………………………………… 2

D2. 在此次被捕前 1 年里，你有朋友因违法犯罪被公安机关逮捕吗？

有 …………………………………………………………… 1

没有 ………………………………………………………… 2

E 部分　对一些事物的观点和态度

E1. 你同不同意以下说法（请回答所有问题）

问题	非常不同意	不同意	没意见	同意	非常同意
（1）我常常凭一时冲动做事，而不是仔细考虑后再去做					
（2）我做事只图当时痛快，不考虑长远利益					
（3）我更注重眼前利益，而不看重对自己有长远影响的事					
（4）我经常避免做有难度的事					
（5）我真的不喜欢做超出自己能力的事					

续表

问题	非常 不同意	不同意	没意见	同意	非常 同意
（6）对我来说，刺激和冒险比安全更重要					
（7）有时我发现做一些可能会让自己陷入麻烦的事情，会让人感到兴奋					
（8）我总是努力先为自己着想，即使它可能会让别人的事情更难办					
（9）我会努力得到我想要的东西，即使我知道这样做可能会给别人带来麻烦					
（10）我很容易发脾气					
（11）当我真的生气的时候，别人最好离我远一点					
（12）我的忍耐是有限度的					

F 部分　此次犯罪的具体情况

F1. 你此次犯罪时的年龄是：（　　）【请填写周岁】

F2. 法院认定你犯了什么罪？

盗窃…………………………………………………… 1

抢劫…………………………………………………… 2

抢夺…………………………………………………… 3

诈骗…………………………………………………… 4

故意伤害……………………………………………… 5

敲诈勒索……………………………………………… 6

绑架…………………………………………………… 7

强奸·· 8

故意杀人或故意伤害致人死亡················· 9

其他（请注明：　　　　　　　）·············· 10

F3. 你被判处多长刑期？（　　）年（　　）个月

参 考 文 献

一 中文文献

（一）专著

曹立群、周愫娴：《犯罪学理论与实证》，群众出版社 2007 年版。

陈向明：《质的研究方法与社会科学研究》，教育科学出版社 2000 年版。

杜智敏：《抽样调查与 SPSS 应用》，电子工业出版社 2010 年版。

江山河：《犯罪学理论》，格致出版社 2008 年版。

康树华：《全面建设小康社会进程中犯罪研究》，北京大学出版社 2005 年版。

李培林、李强、马戎主编：《社会学与中国社会》，社会科学文献出版社 2008 年版。

李强：《多元城镇化与中国发展》，社会科学文献出版社 2013 年版。

卢建平：《中国犯罪治理研究报告》，清华大学出版社 2015 年版。

［美］迈克尔·戈特弗里德森、特拉维斯·赫希：《犯罪的一般理论》，吴宗宪译，中国人民公安大学出版社 2009 年版。

［美］斯蒂芬·E. 巴坎：《犯罪学：社会学的理解》（第四版），秦晨等译，上海人民出版社 2011 年版。

王菁：《流动人口就业代际差异及其影响因素研究》，首都经济贸易大学出版社 2015 年版。

吴宗宪：《西方犯罪学史》，中国人民公安大学出版社 2010 年版。

张展新、侯亚飞:《城市社区中的流动人口——北京等 6 城市调查》,社会科学文献出版社 2009 年版。

周长康、张应立、钟绿芳:《发展犯罪学——从传统犯罪到现代犯罪》,群众出版社 2006 年版。

（二）期刊论文

安蕾、张荣娟:《幼儿家庭养育环境的城乡比较》,《中国儿童保健杂志》2015 年第 9 期。

陈传波、阎竣:《户籍歧视还是人力资本差异?——对城城与乡城流动人口收入差距的布朗分解》,《华中农业大学学报》（社会科学版）2015 年第 5 期。

陈磊、石磊:《身份差异与量刑歧视:流动人口犯罪缓刑适用问题研究》,《法律适用》2013 年第 1 期。

陈苏娥、俞爱月:《中学生父母养育方式对比研究》,《中国健康心理学杂志》2006 年第 1 期。

陈曦、钟华:《压力、负面情绪与中国流动儿童的越轨行为》,《青少年犯罪问题》2012 年第 5 期。

单勇、周彬彬:《被害人权利保护与恢复性司法》,《当代法学》2008 年第 5 期。

杜旻:《我国流动人口的变化趋势、社会融合及其管理体制创新》,《改革》2013 年第 8 期。

冯虹、张玉玺:《特大城市农民工社会保障研究——基于户籍制度改革的视角》,《山西大学学报》（哲学社会科学版）2016 年第 4 期。

冯卫国:《个人极端暴力犯罪的概念厘定与类型界分》,《犯罪研究》2021 年第 4 期。

冯向军、冉一妩:《检察视阈下外来人口犯罪的实证分析——以 2005 年至 2014 年 T 市 B 区检察机关审理的案件为样本》,《天津法学》2016 年第 2 期。

凤笑天:《定性研究与定量研究的差别及其结合》,《江苏行政学院学报》2017 年第 2 期。

福建省厦门市公安局课题组:《流动人口犯罪及其防治对策探析》,

《公安研究》2011 年第 2 期。

郭英、张梦柔、谢雨菲：《社会支持量表（服刑人员版）的修订及信
    效度研究》，《现代预防医学》2016 年第 18 期。

Lin，R．C．：《海洛因滥用者社会人口属性、物质使用行为与犯罪行
    为之间的关系研究》，《玄奘社会科学学报》2013 年第 11 期。

何挺：《刑事司法实证研究：以数据及其运用为中心的探讨》，《中国
    法学》2016 年第 4 期。

何炤华、杨菊华：《安居还是寄居？不同户籍身份流动人口居住状况
    研究》，《人口研究》2013 年第 6 期。

洪佩：《社会转型初期青少年吸毒者的毒品使用生涯研究》，《当代青
    年研究》2021 年第 1 期。

侯珂、张云运、骆方、任萍：《邻里环境、父母监控和不良同伴交往
    对青少年问题行为的影响》，《心理发展与教育》2017 年第 1 期。

金诚：《新生代农民工犯罪群体与代际差异研究》，《社会科学战线》
    2017 年第 7 期。

景军：《中国青少年吸毒经历分析》，《青年研究》2009 年第 6 期。

李超、龚华：《归正人员就业困境及其就业援助研究——以衢州市为
    例》，《经济研究参考》2017 年第 28 期。

李强：《社会支持与个体心理健康》，《天津社会科学》1998 年第
    1 期。

李瑜：《我国统筹城乡户籍制度改革的理性思考》，《人口与经济》
    2011 年第 5 期。

廖憎昀：《海峡两岸毒品犯罪立法比较研究》，《中外法学》1994 年
    第 5 期。

林丹华、苏少冰、胡伟、何立群：《工读学校和普通中学学生的毒品
    使用行为及影响因素分析》，《中国临床心理学杂志》2010 年第
    5 期。

林君、刘婷：《新生代农民工违法犯罪问题调查报告——以温州市为
    例》，《浙江警察学院学报》2013 年第 5 期。

林梅：《当前中国住房保障制度建设面临的困境及对策》，《科学社会

主义》2012 年第 5 期。

林亚刚：《暴力犯罪的内涵与外延》，《现代法学》2001 年第 6 期。

刘柳、段慧娟：《毒友圈与圈子亚文化：青年女性之吸毒生涯扩张期探析》，《中国青年研究》2018 年第 1 期。

刘柳、段慧娟：《关于中国女性吸毒者维持毒品使用行为的研究》，《人口与发展》2015 年第 4 期。

刘晓梅：《关于社会转型期犯罪问题的若干思考》，《天津社会科学》2004 年第 3 期。

刘战国：《城中村犯罪的形成机制——以深圳 T 村为例》，《犯罪研究》2010 年第 6 期。

卢艳、徐建华：《我国东西部地区差异的实证研究与收敛性的 R/S 分析》，《人文地理》2003 年第 2 期。

骆华松、董静：《云南省流动人口与毒品扩散的实证分析》，《云南师范大学学报》（哲学社会科学版）2005 年第 2 期。

屈佳：《不同户籍类型对暴力犯罪行为影响研究——基于西南地区 G 市三所监狱的调查》，《北京社会科学》2018 年第 1 期。

孙中伟、刘林平：《中国农民工问题与研究四十年：从"剩余劳动力"到"城市新移民"》，《学术月刊》2018 年第 11 期。

汪明亮：《以一种积极的刑事政策预防弱势群体犯罪——基于西方社会支持理论的分析》，《社会科学》2010 年第 6 期。

王广聪：《对留守儿童犯罪原因的一个比较解读——以社会解组理论为视角》，《河北公安警察职业学院学报》2008 年第 4 期。

王珂珂：《我国乡土社会民事纠纷解决现状透析》，《理论与改革》2006 年第 6 期。

王素华、陈杰、李新影：《交往不良同伴对青少年自身问题行为的影响：性别和年龄的调节作用》，《中国临床心理学杂志》2013 年第 2 期。

吴九君、郑日昌：《监狱服刑人员情绪管理团体辅导研究》，《中国健康心理学杂志》2008 年第 12 期。

徐建华、宋小明：《珠江三角洲刑事犯罪人、被害人的人口特征分析》，《南方人口》2005 年第 3 期。

徐凝：《要重视犯罪被害人的心理救助》，《云南行政学院学报》2007
　　年第 3 期。

徐慊、郑日昌：《四川城乡青少年父母家庭教养方式比较》，《中国心
　　理卫生杂志》2006 年第 5 期。

薛艳：《基于分层线性模型的流动人口社会融合影响因素研究》，《人
　　口与经济》2016 年第 3 期。

杨菊华：《城乡差分与内外之别：流动人口经济融入水平研究》，《江
　　苏社会科学》2010 年第 3 期。

杨菊华：《中国流动人口的社会融入研究》，《中国社会科学》2015
　　年第 2 期。

姚晓欣、钟田飞、夏希、顾菁：《广州市大学生新型毒品滥用情况及
　　影响因素》，《中国公共卫生》2014 年第 8 期。

张宝、符华锋：《我国社会转型期刑事犯罪高发原因分析》，《河南工
　　程学院学报》（社会科学版）2007 第 4 期。

张冲、孙炜红：《社会转型背景下城镇失业率对财产犯罪的影响研
　　究——基于中国 1986—2011 年时间序列数据的实证研究》，《江西
　　财经大学学报》2013 年第 6 期。

张威：《社会解组理论视角下青少年犯罪的社区预防》，《青少年犯罪
　　问题》2016 年第 6 期。

张文新：《城乡青少年父母教育方式的比较研究》，《心理发展与教
　　育》1997 年第 3 期。

张旭：《犯罪学的西方理论与中国现实》，《吉林大学社会科学学报》
　　2008 年第 6 期。

张应立、殷东伟：《流动人口毒品犯罪实证研究》，《净月学刊》2015
　　年第 2 期。

张勇、李媛媛：《社会转型期重大刑事犯罪增生的原因分析》，《铁道
　　警官高等专科学校学报》2005 年第 1 期。

赵娟：《城市流动人口子女教育的现状》，《社会》2003 年第 9 期。

赵亮员：《娱乐场所特征与涉毒的关联分析》，《中国人民公安大学学

报》（社会科学版）2011 年第 1 期。

郑红丽、罗大华：《低自我控制与家庭社会经济地位在青少年犯罪中的作用——我国青少年犯罪成因实证研究初探》，《青年研究》2009 年第 3 期。

钟莹、刘传龙：《〈禁毒法〉背景下的社区戒毒工作与社会工作介入》，《江西师范大学学报》（哲学社会科学版）2011 年第 3 期。

周金华、郭蓝、卢次勇、邓剑雄：《云浮市中学生新型毒品使用情况及影响因素》，《中国公共卫生》2016 年第 1 期。

周丽、谌丁艳、罗青山等：《深圳市中职学生毒品使用情况和影响因素分析》，《中国健康教育》2017 年第 1 期。

周凌：《赫希自我控制理论之概念因子分析——以犯罪预防与行为矫正操作性要求为视角》，《广西大学学报》（哲学社会科学版）2016 年第 5 期。

（三）学位论文

张清郎：《中国转型期流动人口犯罪研究》，博士学位论文，西南财经大学，2010 年。

（四）电子文献

《2020 年国内生产总值破百万亿元》，新华网，https：//baijiahao. baidu. com/s？id＝1692985229475835924&wfr＝spider&for＝pc，2021 年 3 月 1 日。

公大禁毒：《2021 年中国毒情形势报告》，https：//mp. weixin. qq. com/s/lyZtApmOmf-0SyWUjNBZ-Q. ，2022 年 6 月 23 日。

贵阳市人民政府：《贵阳市人口基本情况》，http：//www. gygov. gov. cn/col/col10822/index. html，2017 年 9 月 12 日。

贵州日报：《贵阳市 2016 年实现 GDP 3157. 70 亿元 同比增长 11. 7%》，搜狐网，http：//gz. sina. com. cn/news/city/2017-02-10/detail-ifyamkzq1209357. shtml，2017 年 2 月 10 日。

国家禁毒委员会办公室：《2016 年中国毒品形势报告》，http：//www. nncc626. com/2017-03/27/c_ 129519255_ 3. htm，2017 年 3 月 27 日。

国家禁毒委员会办公室:《近 5 年,我国毒品违法犯罪活动、新发现吸毒人员数量、现有吸毒人员数量逐年下降 禁毒斗争形势持续好转》,http://www. nncc626. com/2022-06/24/c_ 1211660360. htm,2022 年 6 月 24 日。

中华人民共和国统计局:《中国统计年鉴(2021)》,http://www. stats. gov. cn/tjsj/ndsj/2021/indexch. htm,2022 年 6 月 8 日。

二 英文文献

(一)专著

Hinton P. , Mcmurray I. , Brownlow C. eds. , *SPSS Explained*, New York: Routledge, 2004.

Siegel Larry J. ed. , *Criminology* (Tenth Edition), Thomson Higher Education, 2012.

(二)论文

Agnew R. , "Using General Strain Theory to Explain Crime in Asian Societies", *Asian Journal of Criminology*, Vol. 10, No. 2, 2015.

Agnew R. , White H. R. , "An Empirical Test of General Strain Theory", *Criminology*, Vol. 30, No. 4, 1992.

Alex Piquero, Stephen Tibbetts, "Specifying the Direct and Indirect Effects of Low Self-control and Situational Factors in Offenders Decision Making: Toward a More Complete Model of Rational Offending", *Justice Quarterly*, Vol. 13, No. 3, 1996.

Altman J. , Everitt B. J. , Glautier S. , et al. , "The Biological, Social and Clinical Bases of Drug Addiction: Commentary and Debate", *Psychopharmacology*, Vol. 125, No. 4, 1996.

Arneklev Bruce J. , Elis Lori, Medlicott Sandra, "Testing the General Theory of Crime: Comparing the Effects of 'Imprudent Behavior' and an Attitudinal Indicator of 'Low Self-control'", *Western Criminology Review*, Vol. 7, No. 3, 2006.

Bao Wanning, "Book Review: Agnew, R. (2006). Pressured Into

Crime: An Overview of General Strain Theory. Los Angeles: Roxbury. v, 238 pp. ", *International Criminal Justice Review*, Vol. 18, No. 4, 2008.

Bao Wan-Ning, Haas Ain, Chen Xiaojin, Pi Yijun, "Repeated Strains, Social Control, Social Learning, and Delinquency: Testing an Integrated Model of General Strain Theory in China", *Youth & Society*, Vol. 46, No. 3, 2012.

Bao W. N., Haas A., Pi Y., "Life Strain, Coping, and Delinquency in the People's Republic of China: An Empirical Test of General Strain Theory from a Matching Perspective in Social Support", *International Journal of Offender Therapy & Comparative Criminology*, Vol. 51, No. 1, 2007.

Bao W. N., Haas A., Pi Y., "Life Strain, Negative Emotions, and Delinquency: An Empirical Test of General Strain Theory in the People's Republic of China", *International Journal of Offender Therapy & Comparative Criminology*, Vol. 48, No. 3, 2004.

Bao W. N., Haas A., Xie Y., "Life Strain, Social Control, Social Learning, and Delinquency: The Effects of Gender, Age, and Family SES Among Chinese Adolescents", *International Journal of Offender Therapy & Comparative Criminology*, Vol. 60, No. 12, 2016.

Baron S. W., "General Strain, Street Youth and Crime: A Test of Agnew's Revised Theory", *Criminology*, Vol. 42, No. 2, 2004.

Benda B. B., "The Robustness of Self-control in Relation to Form of Delinquency", *Youth & Society*, Vol. 36, No. 4, 2005.

Bruce J. Arneklev, Lori Elis, Sandra Medlicott, "Testing the General Theory of Crime: Comparing the Effects of 'Imprudent Behavior' and an Attitudinal Indicator of 'Low Self-control'", *Western Criminology Review*, Vol. 7, No. 3, 2006.

Cheung C. K., Ngai N. P., Ngai S. Y., "Family Strain and Adolescent Delinquency in Two Chinese Cities, Guangzhou and Hong Kong",

Journal of Child & Family Studies, Vol. 16, No. 5, 2007.

Cheung N. W. T., Cheung Y. W., "Self-control, Social Factors, and Delinquency: A Test of The General Theory of Crime Among Adolescents in Hong Kong", *Journal of Youth & Adolescence*, Vol. 37, No. 4, 2008.

Cheung N. W. T., Cheung Y. W., "Strain, Self-control, and Gender Differences in Delinquency Among Chinese Adolescents: Extending General Strain Theory", *Sociological Perspectives*, Vol. 53, No. 3, 2010.

Cheung N. W. T., "Low Self-control and Co-occurrence of Gambling with Substance Use and Delinquency among Chinese Adolescents", *Journal of Gambling Studies*, Vol. 30, No. 1, December 2012.

Cheung Yuet W., "Family, School, Peer, and Media Predictors of Adolescent Deviant Behavior in Hong Kong", *Journal of Youth & Adolescence*, Vol. 26, No. 5, 1997.

Chui W. H, Chan H. C., "The Gendered Analysis of Self-control on Theft and Violent Delinquency: An Examination of Hong Kong Adolescent Population", *Crime & Delinquency*, Vol. 62, No. 12, 2016.

Church II Wesley T., Wharton Tracy, Taylor Julie K., "An Examination of Differential Association and Social Control Theory: Family Systems and Delinquency", *Violence and Juvenile Justice*, Vol. 7, No. 1, 2009.

Clark L. A., Watson D., "Constructing Validity: Basic Issues in Objective Scale Development", *Psychological Assessment*, Vol. 7, No. 3, 1995.

Conner B. T., Stein J. A., Longshore D., "Examining Self-control as a Multidimensional Predictor of Crime and Drug Use in Adolescents with Criminal Histories", *Journal of Behavioral Health Services & Research*, Vol. 36, No. 2, 2009.

Cortina J. M., "What Is Coefficient Alpha? An Examination of Theory and App. lication", *Journal of App. lied Psychology*, Vol. 78, No. 1, 1993.

Courey M., Pare P. P., "A Closer Look at the Relationship Between

Low Self-control and Delinquency: The Effects of Identity Styles", *Crime & Delinquency*, Vol. 62, No. 3, 2016.

Cretacci M. A., "Self-control and Chinese Deviance: A Look behind the Bamboo Curtain", *International Journal of Criminal Justice Sciences*, No. 4, 2009.

Davis C., Tang C., Ko J., "The Impact of Peer, Family and School on Delinquency: A Study of at-risk Chinese Adolescents in Hong Kong", *International Social Work*, Vol. 47, No. 4, 2004.

Dennis S. W. Wong, "Pathways to Delinquency in Hong Kong and Guangzhou (South China)", *International Journal of Adolescence & Youth*, Vol. 10, No. 1 - 2, 2001.

Eitle D., Eitle T. M., "General Strain Theory and Delinquency: Extending a Popular Explanation to American Indian Youth", *Youth & Society*, Vol. 48, No. 4, 2013.

Evans T. D., Cullen F. T., Jr V. S. B., et al., "The Social Consequences of Self-control: Testing the General Theory of Crime", *Criminology*, Vol. 35, No. 3, 1997.

Fergusson D. M., Swain-Campbell N. R., Horwood L. J., "Deviant Peer Affiliations, Crime and Substance Use: A Fixed Effects Regression Analysis", *Journal of Abnormal Child Psychology*, Vol. 30, No. 4, 2002.

Gao Yunjiao, Wong Dennis S. W., "Strains and Delinquency of Migrant Adolescents in China: An Investigation from the Perspective of General Strain Theory", *Youth and Society*, Vol. 50, No. 4, 2015.

Gibson C., Wright J., "Low Self-control and Coworker Delinquency: A Research Note", *Journal of Criminal Justice*, Vol. 29, No. 6, 2001.

Grasmick H. G., Tittle C. R., Bursik R. J., et al., "Testing the Core Empirical Implications of Gottfredson and Hirschi's General Theory of Crime", *Journal of Research in Crime & Delinquency*, Vol. 30, No. 1, 1993.

Hirschi T. , Gottfredson M. R. , "Commentary: Testing the General Theory of Crime", *Journal of Research in Crime & Delinquency*, Vol. 30, No. 1, 1993.

Hirschi T. , Gottfredson M. R. , "Control Theory and the Life-course Perspective", *Studies on Crime & Crime Prevention*, Vol. 4, No. 2, 1995.

Hirtenlehner H. , Pauwels L. , Mesko G. , "Is the Criminogenic Effect of Exposure to Peer Delinquency Dependent on the Ability to Exercise Self-control? Results from Three Countries", *Journal of Criminal Justice*, Vol. 43, No. 6, 2015.

Iv J. H. B. , Gibson C. L. , "Does the Measurement of Peer Deviance Change the Relationship between Self-control and Deviant Behavior? An Analysis of Friendship Pairs", *Journal of Criminal Justice*, Vol. 39, No. 6, 2011.

Janssen H. J. , Eichelsheim V. I. , Dekovi M. , et al. , "How is Parenting Related to Adolescent Delinquency? A between- and within-person Analysis of the Mediating Role of Self-control, Delinquent Attitudes, Peer Delinquency, andTime Spent in Criminogenic Settings", *European Journal of Criminology*, Vol. 13, No. 2, 2016.

Jo Y. , Zhang Y. , "Parenting, Self-control, and Delinquency: Examining the App. licability of Gottfredson and Hirschi's General Theory of Crime to South Korean Youth", *International Journal of Offender Therapy & Comparative Criminology*, Vol. 58, No. 11, 2014.

Lagrange T. C. , Silverman R. A. , "Low Self-control and Opp. ortunity: Testing the General Theory of Crime as an Explanation for Gender Differences in Delinquency", *Criminology*, Vol. 37, No. 1, 1999.

Le Thao N. , Monfared Golnoush, Stockdale Gary D. , "The Relationship of School, Parent, and Peer Contextual Factors with Self-reported Delinquency for Chinese, Cambodian, Laotian or Mien, and Vietnamese Youth", *Crime and Delinquency*, Vol. 51, No. 2, 2005.

Lin W. H. , Mieczkowski T. , "Subjective Strains, Conditioning Factors, and Juvenile Delinquency: General Strain Theory in Taiwan", *Asian Journal of Criminology*, Vol. 6, No. 1, 2011.

Li S. D. , "Race, Self-control, and Drug Problems among Jail Inmates", *Journal of Drug Issues*, Vol. 35, No. 4, 2005.

Liu J. , "Data Sources in Chinese Crime and Criminal Justice Research", *Crime Law & Social Change*, Vol. 50, No. 3, 2008.

Liu Jianhong, Liu Siyu, "Are Children of Rural Migrants More Delinquent than Their Peers? A Comparative Analysis of Delinquent Behaviors in the City of Guangzhou, China", *Crime Law & Social Change*, Vol. 66, No. 5, 2016.

Liu Ruth X. , Lin Wei, "Delinquency Among Chinese Adolescents: Modeling Sources of Frustration and Gender Differences", *Deviant Behavior*, Vol. 28, No. 5, 2007.

Liu R. X. , "Life Events and Delinquency: An Assessment of Event-based Stressors and Gender Differences among Adolescents in Mainland China", *Sociological Inquiry*, Vol. 86, No. 3, 2016.

Lo C. C. , Cheng T. C. , Bohm M. , et al. , "Rural-to-Urban Migration, Strain, and Juvenile Delinquency: A Study of Eighth-Grade Students in Guangzhou, China", *International Journal of Offender Therapy & Comparative Criminology*, Vol. 62, No. 2, 2016.

Longshore D. , Rand S. T. , Stein J. A. , "Self-control in a Criminal Sample: An Examination of Construct Validity", *Criminology*, Vol. 34, No. 2, 1996.

Lu Y. F. , Yu Y. C. , Ren L. , et al. , "Exploring the Utility of Self-controlTheory for Risky Behavior and Minor Delinquency Among Chinese Adolescents", *Journal of Contemporary Criminal Justice*, Vol. 29, No. 1, 2012.

Macdonald P. T. , "Competing Theoretical Explanations of Cocaine Use: Differential Association Versus Control Theory", *Journal of Contemporary Criminal Justice*, Vol. 5, No. 2, 1989.

Marcus B. , "An Empirical Examination of the Construct Validity of Two Alternative Self-control Measures", *Educational & Psychological Measurement*, Vol. 63 , No. 4 , 2003.

Marotta Phillip, "Exploring Relationships between Delinquent Peer Groups, Participation in Delinquency, Substance Abuse, and Injecting Drug Use among the Incarcerated: Findings from a National Sample of State and Federal Inmates in the United States", *Journal of Drug Issues*, Vol. 47 , No. 3 , 2017.

Meldrum, Ryan C. , Young, Jacob T. N. , Weerman, Frank M. , "Reconsidering the Effect of Self-control and Delinquent Peers: Implications of Measurement for Theoretical Significance", *Journal of Research in Crime & Delinquency*, Vol. 46 , No. 3 , 2009.

Meneses Rohald Ardwan, Akers Ronald L. , "A Comparison of Four General Theories of Crime and Deviance: Marijuana Use among American and Bolivian University Students", *International Criminal Justice Review*, Vol. 21 , No. 4 , 2011.

Messner S. F. , Liu J. , Zhao Y. , "Predicting Re-incarceration Status of Prisoners in Contemporary China: Applying Western Criminological Theories", *International Journal of Offender Therapy and Comparative Criminology*, Vol. 62 , No. 4 , 2016.

Moffitt T. E. , Arseneault L. , Belsky D , et al. , "A Gradient of Childhood Self-control Predicts Health, Wealth, and Public Safety", *Proceedings of the National Academy of Sciences of the United States of America*, Vol. 108 , No. 7 , February 2011.

Moon B. , Blurton D. , Mccluskey J. D. , "General Strain Theory and Delinquency: Focusing on the Influences of Key Strain Characteristics on Delinquency", *Crime & Delinquency*, Vol. 54 , No. 4 , 2008.

Moon B. , Morash M. , "Gender and General Strain Theory: A Comparison of Strains, Mediating, and Moderating Effects Explaining Three Types of Delinquency", *Youth & Society*, Vol. 5 , No. 1 , 2014.

Moon B., Morash M., Mccluskey C. P., et al., "A Comprehensive Test of General Strain Theory: Key Strains, Situational and Trait-based Negative Emotions, Conditioning Factors, and Delinquency", *Journal of Research in Crime & Delinquency*, Vol. 46, No. 2, 2009.

Morash M., Moon B., "Gender Differences in the Effects of Strain on the Delinquency of South Korean Youth", *Youth & Society*, Vol. 38, No. 3, 2007.

Ngai Ngan Pun, Cheung Chau Kiu, "Predictors of the Likelihood of Delinquency: A Study of Marginal Youth in Hong Kong, China", *Youth & Society*, Vol. 36, No. 4, 2005.

Ozbay O., Köksoy O., "Is Low Self-control Associated with Violence among Youths in Turkey?", *International Journal of Offender Therapy & Comparative Criminology*, Vol. 53, No. 2, 2009.

Paternoster R., Brame R., Mazerolle P., et al., "Using the Correct Statistical Test for the Equality of Regression Coefficients", *Criminology*, Vol. 36, No. 4, 2010.

Peter B. Wood, Betty Pfefferbaum, Bruce J. Arneklev, "Risk-taking and Self-control: Social Psychological Correlates of Delinquency", *Journal of Crime & Justice*, Vol. 16, No. 1, 1993.

Peterson R. A., "A Meta-analysis of Cronbach´s Coefficient Alpha", *Journal of Consumer Research*, Vol. 21, No. 2, 1994.

Piquero A. R., Jennings W. G., Farrington D. P., et al., "A Meta-analysis Update on the Effectiveness of Early Self-control Improvement Programs to Improve Self-control and Reduce Delinquency", *Journal of Experimental Criminology*, Vol. 12, No. 2, 2016.

Piquero Nicole Leeper, Gover Angela R., MacDonald John M., Piquero Alex R., "The Influence of Delinquent Peers on Delinquency: Does Gender Matter?", *Youth & Society*, Vol. 36, No. 3, 2005.

Pratt T. C., Cullen F. T., "The Empirical Status of Gottfredson and Hirschi's General Theory of Crime: A Meta-analysis", *Criminology*,

Vol. 38, No. 3, 2000.

Rebellon C. J., Straus M. A., Medeiros R., "Self-control in Global Perspective: An Empirical Assessment of Gottfredson and Hirschi's General Theory Within and Across 32 National Settings", *European Journal of Criminology*, Vol. 5, No. 3, 2007.

Ren Ling, Zhang Hongwei, Zhao Jihong Solomen, Zhao Ruohui, "Delinquent Subculture and Juvenile Offenders' Attitudes toward the Police in China", *Police Quarterly*, Vol. 19, No. 1, 2016.

Ryan C. Meldrum, Alex R. Piquero, Jim Clark, "Does Low Self-control Predict Fictitious Drug Use and Untruthfulness?", *Deviant Behavior*, Vol. 34, No. 3, 2013.

Sabia Margaret, Hickman Gregory, Barkley William, "Predicting Delinquency through Psychosocial and Environmental Variables among Immigrant and Native-born Adolescents", *SSRN Electronic Journal*, Vol. 2, No. 40, July 2017.

Shen Yinzhi, Zhong Hua, "Rural-to-Urban Migration and Juvenile Delinquency in Urban China: A Social Control Perspective", *Asian Journal of Criminology*, No. 3, 2018.

Slocum L. A., Simpson S. S., Smith D. A., "Strained Lives and Crime: Examining Intra-Individual Variation in Strain and Offending in a Sample of Incarcerated Women", *Criminology*, Vol. 43, No. 4, 2005.

Sun Ivan Y., Luo Haishan, Wu Yuning, Lin Wen-Hsu, "Strain, Negative Emotions, and Level of Criminality Among Chinese Incarcerated Women", *International Journal of Offender Therapy and Comparative Criminology*, Vol. 60, No. 7, 2015.

Tangney J. P., Baumeister R. F., Boone A. L., "High Self-control Predicts Good Adjustment, Less Pathology, Better Grades, and Interpersonal Success", *Journal of Personality*, Vol. 72, No. 2, 2004.

Tavakol M., Dennick R., "Making Sense of Cronbach's Alpha", *International Journal of Medical Education*, No. 2, 2011.

Thornberry T. P. , Lizotte A. J. , Krohn M. D. , et al. , "Delinquent Peers, Beliefs, and Delinquent Behavior: A Longitudinal Test of Interactional Theory", *Criminology*, Vol. 32, No. 1, 1994.

Travis C. Pratt, Francis T. Cullen, Christine S. Sellers, et al. , "The Empirical Status of Social Learning Theory: A Meta-analysis", *Justice Quarterly*, Vol. 27, No. 6, 2010.

Vazsonyi A. T. , Pickering L. E. , Junger M. , et al. , "An Empirical Test of a General Theory of Crime: A Four – nation Comparative Study of Self-control and the Prediction of Deviance", *Journal of Research in Crime & Delinquency*, Vol. 38, No. 2, 2001.

Vazsonyi A. T. , Wittekind J. E. C. , Belliston L. M. , et al. , "Extending the General Theory of Crime to 'The East': Low Self-control in Japanese Late Adolescents", *Journal of Quantitative Criminology*, Vol. 20, No. 3, 2004.

Walters G. D. , "Are Behavioral Measures of Self-control and the Grasmick Self-control Scale Measuring the Same Construct? A Meta – Analysis", *American Journal of Criminal Justice*, Vol. 41, No. 2, 2016.

Wang G. T. , Qiao H. , Hong S. , et al. , "Adolescent Social Bond, Self-control and Deviant Behavior in China", *International Journal of Contemporary Sociology*, Vol. 39, No. 1, 2002.

Yarbrough A. , Jones S. , Sullivan C. , et al. , "Social Learning and Self-control: Assessing the Moderating Potential of Criminal Propensity", *International Journal of Offender Therapy & Comparative Criminology*, Vol. 56, No. 2, 2012.

Yun I. , Kim S. G. , Kwon S. , "Low Self-control Among South Korean Adolescents: A Test of Gottfredson and Hirschi's Generality Hypothesis", *International Journal of Offender Therapy & Comparative Criminology*, Vol. 60, No. 10, 2016.

Zhang Hongwei, Zhao Jihong Solomen, Ren Ling, Zhao Ruohui, "Subculture, Gang Involvement, and Delinquency: A Study of Incarcerated

Youth in China", *Justice Quarterly*, Vol. 34, No. 6, 2016.

Zhang Yan, Day George, Cao Liqun, "A Partial Test of Agnew's General Theory of Crime and Delinquency", *Crime & Delinquency*, Vol. 58, No. 6, 2012.

Zhong H., Xu J., Piquero A. R., "Internal Migration, Social Exclusion, and Victimization: An Analysis of Chinese Rural-to-Urban Migrants", *Journal of Research in Crime & Delinquency*, Vol. 54, No. 4, 2017.

（三）学位论文

Jessica Marie Mongilio, "Childhood Traumatic Brain Injury as a Risk Factor for Adolescent Delinquent Behavior", Ph. D. Dissertation, The Pennsylvania State University, 2020.

Lin Wen-Hsu, "General Strain Theory and Juvenile Delinquency: A Cross-Cultural Study", Ph. D. Dissertation, University of South Florida, 2011.

后　　记

　　本书是在我的博士学位论文基础上修改完善而成。回首过往求学经历，五味杂陈。为了追寻儿时的梦想，大学毕业后成为一名人民警察，从事基层公安工作十余载。同样亦是为了追寻儿时的梦想，抛家舍业，不远千里前往中国人民公安大学求学。各种机缘巧合之下，对犯罪学产生了浓厚的兴趣，在完成硕士阶段的学习之后，选择了读博。尽管早已做好了吃苦的心理准备，但读博期间面临的各种困难仍让我始料未及，不知所措。为此我曾迷茫过、彷徨过，甚至痛苦过，但所幸从未放弃。

　　博士学位论文从选题立意、谋篇布局、行文达意，直至最终成稿，都是在我的导师中国人民公安大学王大为教授以及美国山姆休斯顿大学赵继宏教授、美国特拉华大学孙懿贤教授的悉心指导下完成。赵继宏老师和孙懿贤老师与我可谓"亦师亦友"，一直在大洋彼岸远程指导我开展犯罪学实证研究，在我遇到困难，感到彷徨无助时，始终鼓励我继续前行。在此对三位老师一直以来的辛勤付出表示由衷的感谢。

　　2018 年博士毕业后有幸来到贵州财经大学工作，面对"突如其来"的教学、科研压力，我再次陷入彷徨。经过很长一段时间的思考后，我意识到应该在博士学位论文的基础上继续深耕，对中国的犯罪问题进行更加深入系统的研究。鉴于许多成年犯罪人早年就有实施越轨行为、遭受犯罪侵害的经历，而这些经历对他们后来走上犯罪的道路具有重要影响，我决定将研究领域拓宽至未成年人越轨与被害、司法社会工作，并成功申报了相关课题，发表了相关论文。

考虑到博士学位论文一直处于"未完待续"状态，决定将博士学位论文修改完善后出版。在修改的过程中，我内心极度忐忑不安。五年来，中国犯罪学发展非常迅速，学者对中国犯罪问题进行了大量的实证研究，在国内外期刊发表了一系列学术论文，令我自愧不如。我深知自身理论水平有限，本书仍有诸多不足之处，但还是鼓起勇气让本书"面世"，诚挚地期望出版后，能得到广大读者、国内外同行的批评指正，同时也希望自己能够在学术研究的道路上砥砺前行！